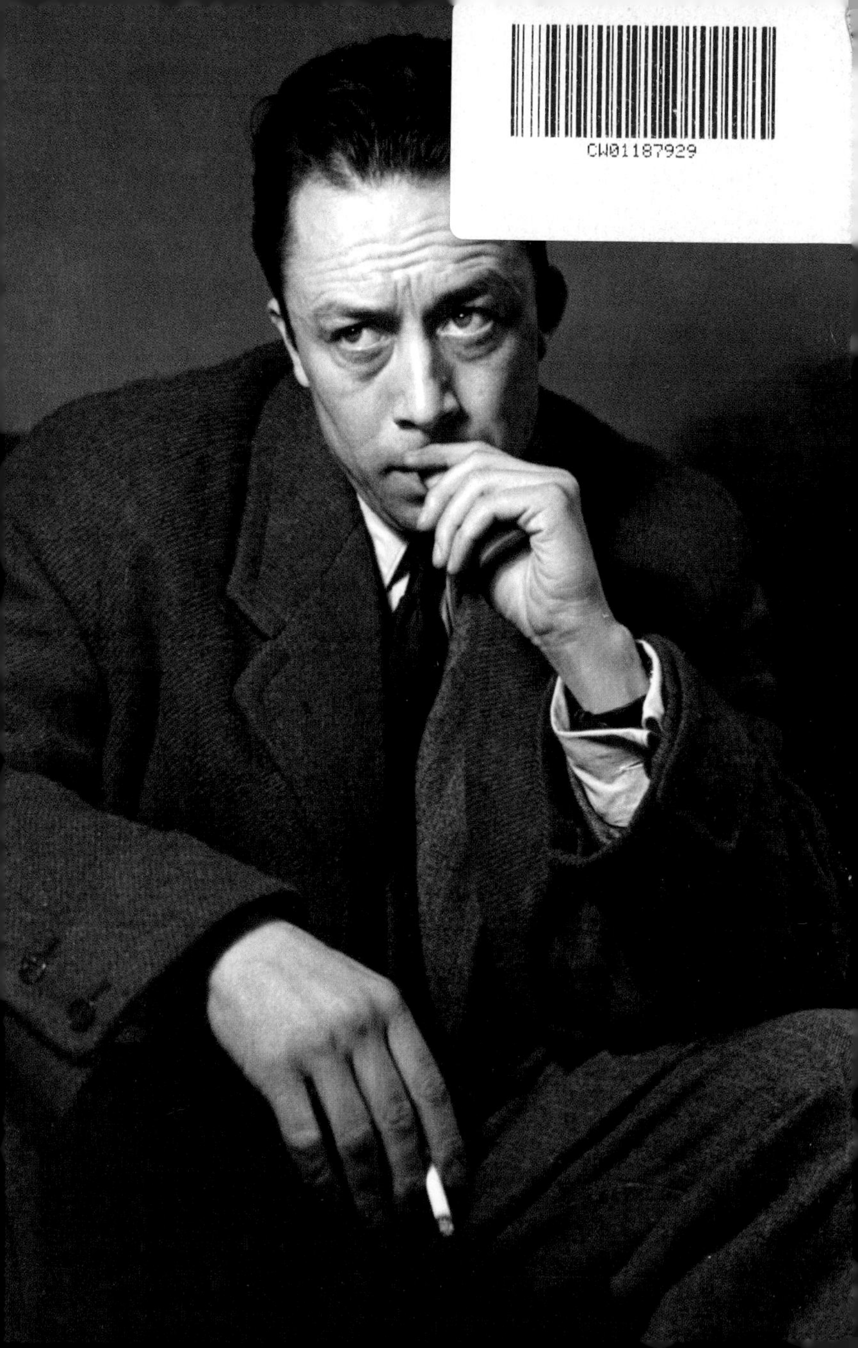

MISÈRE DE LA KABYLIE
III. — LE DÉNUEMENT (suite)
CINQ ENFANTS SONT MORTS POUR AVOIR MANGE DES RACINES VENENEUSES
par Albert CAMUS
L'intellectuel doit prendre parti
Ces hommes qu'on raie de l'humanité
L'ins
57 relégués ont quitté avant-hier Alger pour le bagne

Une presse, un livre ne sont pas vrais parce qu'ils sont révolutionnaires. Ils n'ont une chance d'être révolutionnaires que s'ils essaient de dire la vérité.

rection fait triompher a République à Paris

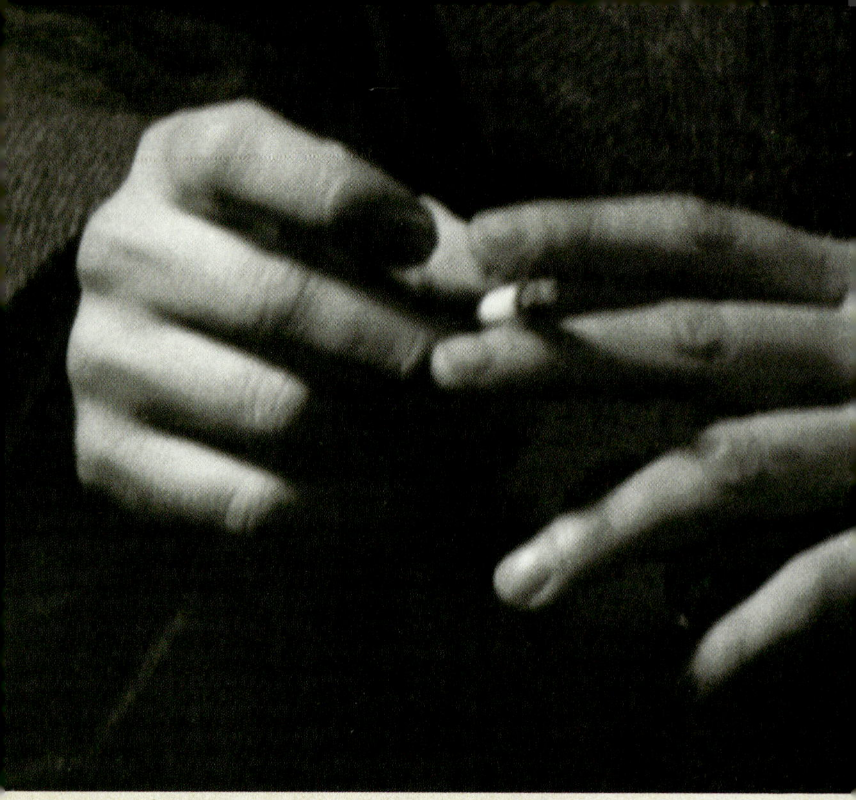

connais, toi, la solitude — celle
la solitude ! Laquelle ? Je vais
d'abject, c'est qu'on n'est jamais
poids d'avenir et de passé tous a
ont avec vous. Et pour ceux là
qu'on a aimés, ceux qu'on n'a

s poètes et celle des impuissants.

s le dire moi, ce qu'il y a

l. Et que partout le même

mpagne. Les êtres qu'on a très

nait encore facile – Mais ceux

aimés et qui vous ont aimé,

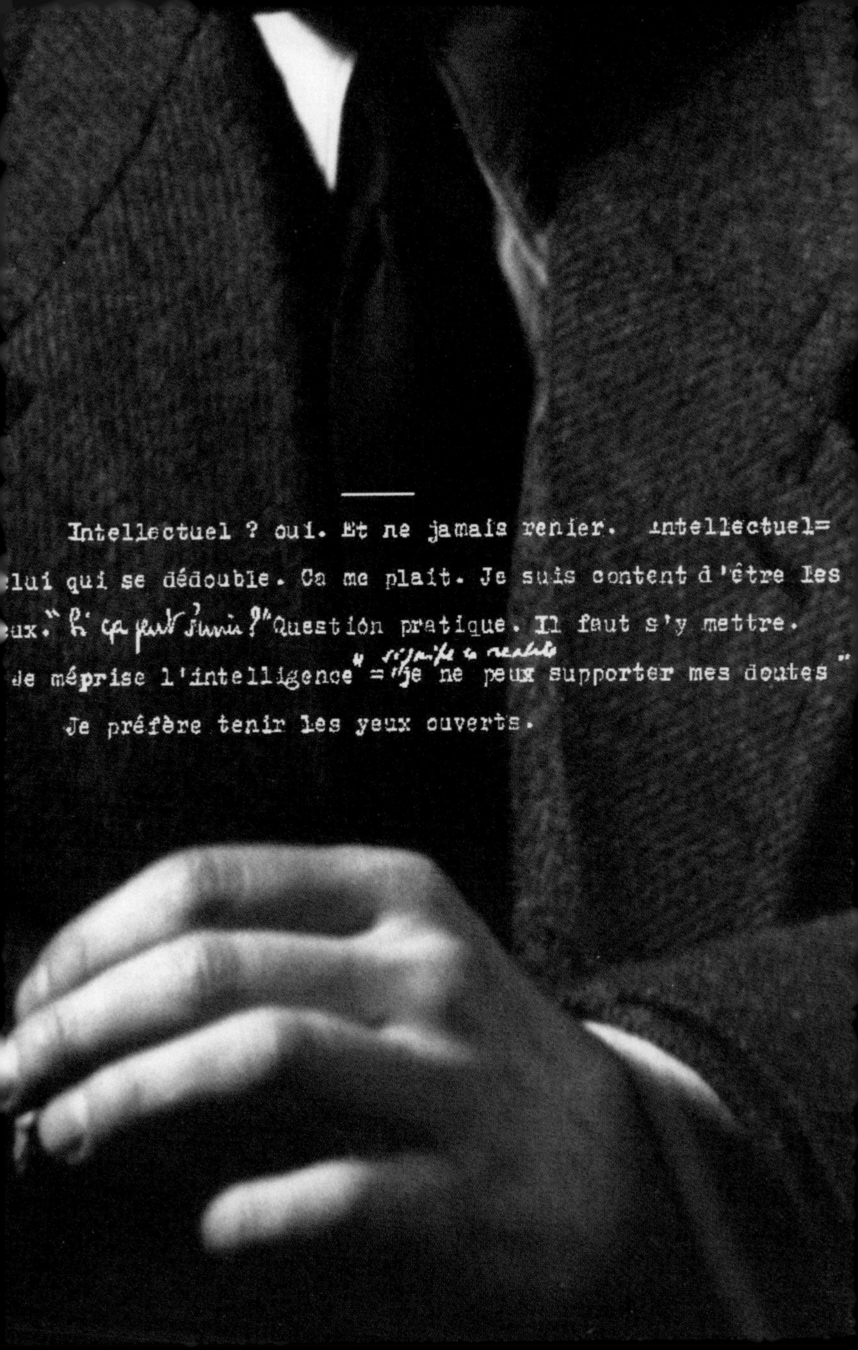
Intellectuel ? oui. Et ne jamais renier. Intellectuel=
lui qui se dédouble. Ca me plait. Je suis content d'être les
ux." Si ça peut servir ?" Question pratique. Il faut s'y mettre.
Je méprise l'intelligence" = "signifie en réalité" je ne peux supporter mes doutes"
Je préfère tenir les yeux ouverts.

SOMMAIRE

10
Chapitre 1
« CE MONDE DE PAUVRETÉ ET DE LUMIÈRE
OÙ J'AI LONGTEMPS VÉCU »
Camus naît en Algérie à la veille de la Grande Guerre, au cours de laquelle meurt son père. Élevé par une mère illettrée, c'est un instituteur dévoué qui lui ouvre le chemin des études. Le football et le théâtre sont ses premières passions.

28
Chapitre 2
« IL FAUT IMAGINER SISYPHE HEUREUX »
Le journalisme lui permet de conjuguer ses idéaux politiques et son talent de plume. En 1942, *L'Étranger* et *Le Mythe de Sisyphe* le révèlent au public.

42
Chapitre 3
« PESTE : C'EST UN MONDE SANS FEMMES ET DONC IRRESPIRABLE »
Depuis 1942, Camus vit en métropole. Il devient le grand commentateur de l'après-guerre dans les colonnes de *Combat*. En 1947, *La Peste* le consacre romancier à succès.

58
Chapitre 4
« JE ME RÉVOLTE, DONC NOUS SOMMES »
Ses pièces (*Caligula, L'État de siège, Les Justes*) reçoivent un accueil inégal. En 1951, *L'Homme révolté*, perçu comme un pamphlet anticommuniste, lui aliène les sympathies de la gauche française.

74
Chapitre 5
« IL ME FAUT UN PEU DE SOLITUDE, MA PART D'ÉTERNITÉ »
La guerre d'Algérie et les attaques que lui vaut le prix Nobel nourrissent son amertume. Sa mort brutale interrompt une œuvre en devenir.

97
Témoignages et documents
Portraits croisés de l'homme, de l'écrivain, du journaliste, de l'humaniste.

CAMUS
L'HOMME RÉVOLTÉ

Pierre-Louis Rey

DÉCOUVERTES GALLIMARD
LITTÉRATURES

« S'il est vrai que les seuls paradis sont ceux qu'on a perdus, je sais comment nommer ce quelque chose de tendre et d'inhumain qui m'habite aujourd'hui. Un émigrant revient dans sa patrie. Et moi, je me souviens. » De son enfance misérable, Camus gardera en mémoire l'amour silencieux de sa mère, la bonté d'un instituteur qui lui permit d'accéder à la culture, la fraternité découverte grâce aux terrains de football et aux scènes de théâtre.

CHAPITRE 1

« CE MONDE DE PAUVRETÉ ET DE LUMIÈRE OÙ J'AI LONGTEMPS VÉCU »

En 1935, Camus trace sur un cahier d'écolier le plan de l'ouvrage qui deviendra *L'Envers et l'Endroit*, son premier livre. Dans ce récit, percé de remords et baigné d'amour, dont il dédie le premier chapitre à sa mère (ci-contre), Camus évoque pour la première fois une enfance encore proche (page de gauche, à quatorze ans), placée « à mi-distance du soleil et de la misère. La misère m'empêcha de croire que tout est bien sous le soleil et dans l'Histoire ; le soleil m'apprit que l'Histoire n'est pas tout. »

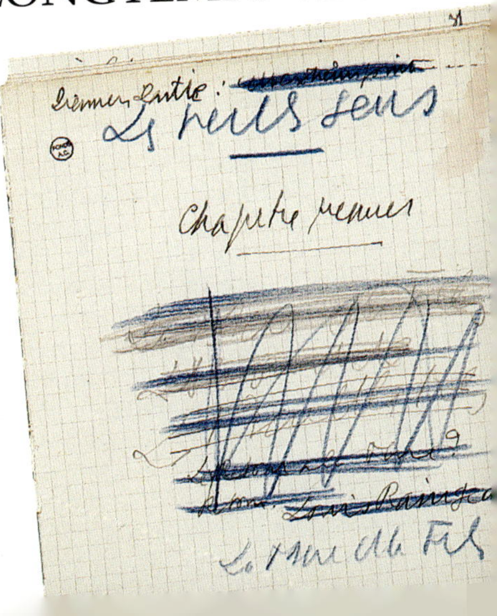

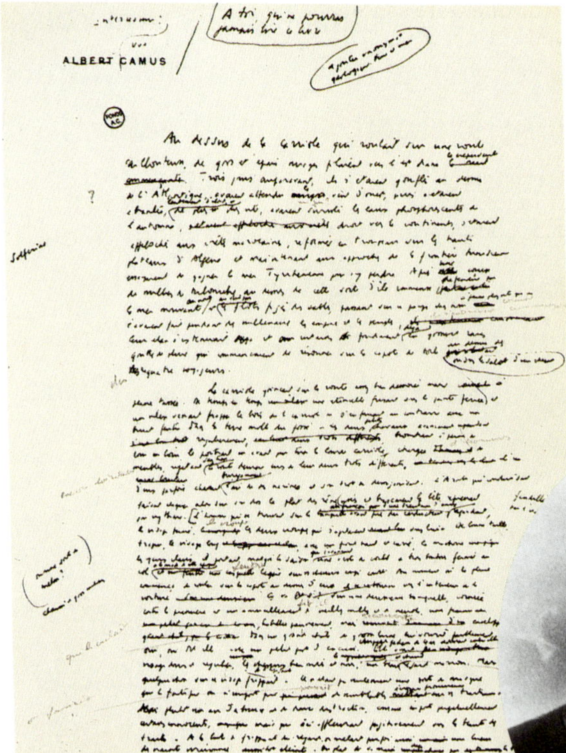

Le Premier Homme, s'il est un hommage à sa mère – « À toi qui ne pourras jamais lire ce livre », écrit-il en marge de la première page du manuscrit (ci-contre) –, célèbre aussi la figure du père, Lucien Camus. Le livret militaire établi au moment de son service, qu'il effectue au Maroc en 1907-1908, indique : Taille : 1,68 m, cheveux et sourcils châtains, yeux bleus, profession « cocher ». Un an après la naissance de son second fils, Albert, Lucien est mobilisé au corps du 1er Zouaves et envoyé au front en métropole où il meurt après avoir « agonisé une semaine, le crâne ouvert ». Albert ne connaîtra de son père qu'une photo (ci-dessus, en uniforme de zouave) et « l'éclat d'obus qu'on avait envoyé à sa veuve ».

Le premier homme

Quand Albert Camus fut tué à quarante-six ans dans un accident d'auto, sa sacoche contenait le manuscrit du *Premier Homme*. Ce roman autobiographique inachevé ne sera publié qu'en 1994. Sous le pseudonyme de Jacques Cormery, Camus y raconte comment il est parti à la recherche de son père. Exploitant d'un domaine viticole dans une région insalubre de l'Est algérien, celui-ci était, à l'image des pionniers de la colonisation, « le premier homme ». Quarante ans après sa mort, Jacques vient se recueillir sur sa tombe. Le deuxième chapitre, « Le fils ou le premier homme », évoque les souvenirs d'enfance de Jacques, dans un quartier pauvre d'Alger ; « né sur une terre sans aïeux et sans mémoire », il est devenu, à son tour, « le premier homme ». Dans le troisième chapitre, à peine ébauché, Jacques devait se confesser à sa mère, et lui expliquer la question arabe, le destin de l'Occident… « Oui, dit-elle, oui. » Elle ne comprend rien à la Grande Guerre ni à la colonisation, mais ses regards expriment la tendresse et le pardon.

Jacques a pris soudain conscience que son père était plus jeune, quand il est mort, que lui-même ne l'est aujourd'hui. Sa conception du temps en a été bouleversée ; de chronologique, elle est devenue cyclique. « Ce nouvel ordre du temps est celui du livre », note Camus. À l'Histoire, valeur souveraine dans le monde des intellectuels parisiens où il s'est aventuré, Camus a toujours préféré une certaine idée du bonheur et de la beauté (« Les Grecs, peuple heureux, n'ont pas d'Histoire »). Au-dessus d'elle, il place aussi les vertus du dénuement : l'absence d'héritage, obligeant sans cesse à de nouveaux départs, fait de chacun d'entre nous « le premier homme ». L'Histoire s'efface, pour finir, devant la figure de la mère, qui ouvre à l'amour et à l'oubli.

De Mondovi à Belcourt

Albert Camus est né le 7 novembre 1913 à Mondovi, en Algérie, tout près de la frontière tunisienne. Selon le Guide bleu de l'Algérie (française) de l'époque, Mondovi est le « centre agricole le plus important de la région bônoise » ; près de Bône (en arabe Annaba), « Hippone, ses ruines et sa basilique évoquent le grand souvenir de saint Augustin ». En vertu d'une simple coïncidence, saint Augustin sera l'un des inspirateurs de la pensée d'Albert Camus.

Son père, Lucien Camus, était employé chez Ricôme et fils, négociants en vins d'Alger, quand ses patrons l'expédièrent en 1913 à Mondovi. Lucien était d'origine bordelaise ; son épouse, Catherine, née

En 1953, Albert Camus, qui réside en France depuis plusieurs années, se rend sur la tombe de son père, à Saint-Brieuc, à la demande de sa mère qui n'a jamais pu y aller. Cette visite de piété obligée va le bouleverser et lui faire prendre conscience de la réalité

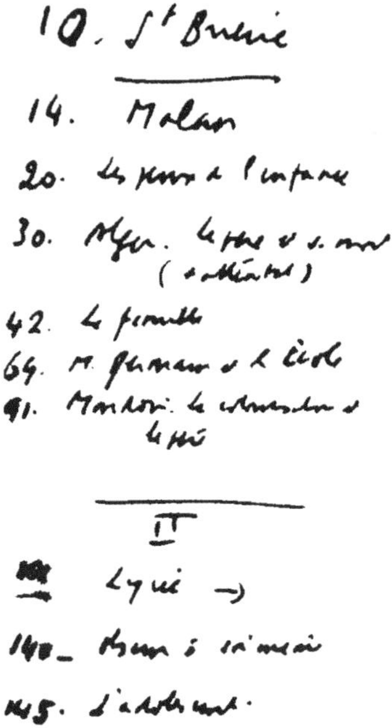

d'un père que l'absence avait rendu inexistant. L'écriture du *Premier Homme* devient dès lors une nécessité intérieure. Ci-dessus, plan du *Premier Homme* de la main de Camus et à gauche, page du manuscrit.

Sintès, d'origine espagnole. Tous deux étaient nés et avaient grandi à proximité d'Alger. Le départ pour les confins de l'Algérie dut leur paraître une aventure.

Le couple avait un enfant de trois ans, prénommé Lucien comme son père, et en attendait un second. *Le Premier Homme* raconte comment, au terme du voyage à Bône, une « carriole » conduite par un Arabe les achemina, à l'automne, jusqu'au domaine du Chapeau de Gendarme et les introduisit dans une « petite maison blanchie à la chaux » où, secourue par une aubergiste, la mère accoucha en catastrophe de son deuxième enfant, avant l'arrivée du médecin. « En voilà un qui commence bien, dit la patronne de la cantine. Par un déménagement. »

Les faits sont un peu différents. Lucien Camus occupe depuis le printemps 1913 ses fonctions au domaine de Mondovi quand sa femme l'y rejoint, en septembre, avec leur fils aîné ; c'est quelques semaines plus tard qu'elle accouche d'Albert. Le 14 juillet 1914, craignant pour sa famille les atteintes du paludisme, Lucien Camus informe son patron qu'il

Dès son adolescence, Camus travaille durant l'été chez un courtier maritime pour « payer » ses études : « L'été fut plus agréable parce que les bureaux donnaient sur le Front-de-Mer et surtout parce qu'une partie du travail se passait dans le port » (ci-dessus : le port d'Alger et le boulevard de la République, ou boulevard Front-de-Mer). Dans *L'Étranger* aussi, « le bureau donne sur la mer », une mer que Camus associe à la ville blanche et qu'il ne cessera de célébrer : « Grande mer, toujours vierge, ma religion avec la nuit ! Elle nous lave et nous rassasie. »

s'apprête à rentrer à Alger; la déclaration de guerre, le 3 août, l'envoie en métropole où il est mobilisé chez les zouaves. Catherine Camus quitte alors Mondovi avec ses deux enfants pour s'installer chez sa mère, au 17, rue de Lyon (aujourd'hui rue Belouizdad), au Champ-de-Manœuvres, quartier est d'Alger. Blessé à la bataille de la Marne, Lucien Camus meurt le 11 octobre 1914 à l'hôpital militaire de Saint-Brieuc.

Catherine Camus, qui est illettrée, doit faire des ménages pour élever Lucien et Albert, sous la tutelle impérieuse de la grand-mère Sintès. En 1921, la famille déménage du 17 au 93 de la rue de Lyon; encore plus éloigné du centre d'Alger, au cœur du populeux quartier de Belcourt, le nouvel appartement coûte sans doute moins cher. On y loge à l'étroit l'oncle Étienne, brave tonnelier borné, sourd et presque muet. Le dimanche, celui-ci emmène son neveu Albert à la sordide plage des Sablettes, qui s'ornera d'asphodèles quand elle servira de décor au meurtre de *L'Étranger*. L'oncle Gustave Acault, boucher établi dans les beaux quartiers, appartient à un autre monde.
À Belcourt, où Albert Camus grandit, habitent des « petits Blancs », souvent d'origine espagnole; même s'ils sont moins miséreux que la majorité des « Arabes » (terme qui englobe les Kabyles), ils n'ont pas les moyens de visiter la métropole, sauf pour aller y faire la guerre. Les « Européens » côtoient les Arabes, mais ils les fréquentent peu. Les photos de classe de Camus sont édifiantes : celle de l'école communale

Albert et son frère aîné Lucien, enfants pauvres du quartier populaire de Belcourt, sont déguisés, comme ceux des familles bourgeoises, pour la traditionnelle photo au cerceau (ci-dessous). Lucien partageait avec Albert l'amour du football. Moins doué que lui pour les études, il sera embauché à quatorze ans comme coursier à 80 francs par mois chez Ricôme, le négociant en vins de Bab-el-Oued qui employait déjà leur père.

de la rue Aumerat à Belcourt, celle de l'hypokhâgne du lycée Bugeaud, plus tard, pourraient avoir été prises à Toulouse ou dans un grand lycée parisien. Si Camus rencontra des Arabes, ce fut surtout grâce au football, puis au journalisme.

« Je n'ai pas eu une enfance malheureuse »

Grâce à Louis Germain, son instituteur, Camus obtient une bourse pour poursuivre ses études au lycée, qui commençait alors en classe de sixième. « Sans cette main affectueuse que vous avez tendue au petit enfant pauvre que j'étais, sans votre enseignement et votre exemple, rien de tout cela ne serait arrivé », écrira-t-il à son ancien maître en 1957, après avoir reçu le prix Nobel.

Le grand lycée (lycée Bugeaud à partir de 1930, Abd-el-Kader aujourd'hui) se trouve à Bab-el-Oued, quartier ouest de la ville. Pour s'y rendre, Camus traverse tout Alger, dont la large baie s'adosse aux collines. Du tramway qui longe le port, il peut admirer cette « ville sur la mer », qui « s'ouvre dans le ciel comme une bouche ou une blessure » (*Noces*).

En 1929, Camus devient gardien de but de l'équipe junior du RUA (ci-dessous, avec sa casquette). Mais c'est sans lui que le RUA sera sacré champion d'Afrique du Nord en 1935. Entre-temps, Joséphine Baker est devenue la marraine du club. Toute sa vie, Camus nourrira une véritable passion pour le football : « Je ne savais pas que vingt ans après, dans les rues de Paris ou même de Buenos Aires (oui, ça m'est arrivé), le mot RUA prononcé par un ami de rencontre me ferait encore battre le cœur, le plus bêtement du monde. »

Louis Germain (ci-dessous) batailla ferme pour convaincre la grand-mère d'Albert de laisser son petit-fils passer le concours des bourses du lycée et le prépara gratuitement à l'épreuve, deux heures par jour. Dans *Le Premier Homme,* Camus évoque le jour des résultats : « [Jacques] savait d'avance qu'il venait par ce succès d'être arraché au monde innocent et chaleureux des pauvres, monde refermé sur lui-même comme une île dans la société mais où la misère tient lieu de famille et de solidarité, pour être jeté dans un monde qui n'était plus le sien, où il ne pouvait croire que les maîtres fussent plus savants que celui-là dont le cœur savait tout. » En 1924, Camus entre au lycée d'Alger. Pour s'y rendre, il emprunte la ligne de tramway qui relie Belcourt au centre ville (en haut).

Il obtient de bonnes notes, mais pas les prix d'excellence. C'est sur les terrains de football qu'il accomplit ses premiers exploits. Il joue gardien de but, un poste où on est à la fois « solitaire et solidaire », selon la formule qu'il appliquera au peintre Jonas (*L'Exil et le Royaume*) pour résumer la condition humaine. Après avoir débuté à l'Association sportive de Montpensier, il entre dans l'équipe junior du Racing universitaire d'Alger (RUA). « Je piétinais d'impatience du dimanche au jeudi, jour d'entraînement, et du jeudi au dimanche, jour de match. » Le football nourrit ce parti pris d'Algérois qui ne le quittera jamais tout à fait : « J'appris tout de suite qu'une balle ne vous arrivait jamais du côté où l'on croyait. Ça m'a servi dans l'existence et surtout dans la métropole où l'on n'est pas franc du collier » (*Journal du RUA*, année 1953).

Alger peut bien être la plus belle ville du monde : les sources de la culture se trouvent de l'autre côté de la Méditerranée. L'étonnante bibliothèque de l'oncle Acault pourvoit à sa soif de lecture. Il lit Balzac, Alexandre Dumas, Jules Verne, Montherlant et les premiers écrits de Malraux. André Gide le déçoit : âgé de seize ans quand son oncle lui prête

Les Nourritures terrestres, qui sert d'évangile à sa génération, il juge trop étudiées ces extases que lui-même éprouve naturellement, depuis l'enfance, grâce au seul bonheur de respirer. Plus proche de Valéry, poète né au bord de la Méditerranée, il va l'imiter maladroitement dans ses premiers vers. Très vite, il comprendra que la prose convient mieux à ses élans lyriques.

L'enseignement officiel n'est pas de nature à éveiller sa conscience politique. Le centenaire de la colonisation française renforce la fierté et le patriotisme ambiants : « Aujourd'hui, en 1930, l'Algérie est un grand pays producteur où la paix française permet à tous le travail en complète sécurité, le respect des vies et des biens », lit-on dans un album distribué à la population. Qu'importe à Camus s'il ne bénéficie guère des générosités du régime : « La pauvreté, d'abord, n'a jamais été un malheur pour moi : la lumière y répandait ses richesses » (Préface de *L'Envers et l'Endroit*). Le malheur va prendre un autre visage : les premières atteintes de la tuberculose brisent, en 1930, sa carrière de footballeur avant d'entraver son projet de devenir enseignant. Un jour où il est retenu au lit, Jean Grenier, son professeur de philosophie, se rend en taxi à Belcourt et il découvre, au domicile de son élève, une pauvreté dont il n'avait pas l'idée. Camus lui avouera, plus tard, que cette visite l'avait « suffoqué de timidité et de reconnaissance ». Pour mieux se

En 1930, année de la célébration du centenaire de la colonisation (affiche ci-dessus), Camus entre en classe de philosophie. Son professeur de philosophie, Jean Grenier (ci-contre), comme Louis Germain, entrevoit les capacités du jeune homme avec qui il tissera des liens indéfectibles.

soigner, il va habiter chez l'oncle Acault, puis en divers endroits d'Alger, chez des amis. Dans *Le Premier Homme*, la naissance de Jacques Cormery est malicieusement placée sous le signe du déménagement. On se perd à dénombrer les domiciles de Camus jusqu'à son premier mariage, mais aussi après : besoin d'indépendance sentimentale, crise du logement ou refus d'un mode de vie bourgeois, toujours il éprouvera des difficultés à « s'installer ».

Antoinette Sintès, sœur de la mère d'Albert, a trouvé un beau parti en épousant Gustave Acault, dont la boucherie est installée sur la rue Michelet (ci-dessus). Une boucherie de luxe, où l'on vend de la « viande de France ». La bibliothèque de l'oncle regorge, elle aussi, de produits de la métropole. Gustave Acault est un franc-maçon, cultivé, admirateur d'Anatole France. Quand Camus va loger chez lui, rue du Languedoc (à deux pas de la rue Michelet), il se nourrit de bonne viande (on croit alors la suralimentation profitable aux tuberculeux) et de livres qu'il n'aurait peut-être pas trouvés dans la bibliothèque municipale de son quartier de Belcourt.

Premières révélations

Quelques mois après avoir repris ses cours au lycée, il donne à la revue *Sud*, au printemps de 1932, ses premiers essais : « Un nouveau Verlaine », « Jehan Rictus, le poète de la misère », une étude sur Bergson, une autre sur la musique. Cette dernière est une honnête dissertation sur la pensée musicale de Schopenhauer et de Nietzsche. Il n'y avait pas de piano, on s'en doute, chez la veuve Camus, et les Jeunesses musicales de France ne formaient pas encore le goût des lycéens. On croit Camus sur parole quand il confie son émotion à écouter du Mozart, avec une prédilection pour *Don Juan*, qui avait d'autres raisons de le troubler ; jamais, pourtant, la musique ne nourrira sa réflexion sur la création artistique. Après avoir obtenu le baccalauréat

avec mention « assez bien » (seulement, pourrait dire Sartre), il découvre Gide pour de bon jusqu'à le citer en épigraphe d'une série de *Rêveries* : « J'ai souhaité d'être heureux comme si je n'avais rien d'autre à être. » L'afféterie grammaticale en moins, la phrase pourrait être de Camus. Il découvre surtout un roman d'André de Richaud, *La Douleur*, que lui a donné Jean Grenier : « Je ne connaissais pas André de Richaud. Mais je n'ai jamais oublié son beau livre, qui fut le premier à me parler de ce que je connaissais : une mère, la pauvreté, de beaux soirs dans le ciel. Il dénouait au fond de moi un nœud de liens obscurs, me délivrait d'entraves dont je sentais la gêne sans pouvoir les nommer » (« Hommage à André Gide », *La Nouvelle Revue française*, novembre 1951).

En classe d'hypokhâgne, il obtient le premier prix de composition française et le second (seulement…) de philosophie. Pendant l'été, il lit *Les Îles*, de Jean Grenier. « Cette suite de symboles décrit un homme dépouillé de tout ce qui peut constituer dans sa vie l'épisode, le décor, le divertissement… », avertit Grenier en tête de son ouvrage. Camus préfacera en 1959 sa réédition : « J'avais vingt ans lorsqu'à Alger

En 1932, Camus poursuit ses études en lettres supérieures (hypokhâgne) au lycée Bugeaud. Sur la photo de classe, on distingue au deuxième rang : Claude de Fréminville (au centre) ; Jean Bogliolo (tout à droite), prix d'excellence cette année-là. Au troisième rang, André Bélamich (tout à droite) avec à ses côtés Albert Camus. Camus retrouvera Fréminville et Bélamich dans le journalisme. En veste et cravate, tête nue : il est presque le seul de la classe à n'avoir pas cédé aux ornements folkloriques des « prépas » de l'époque. Les déguisements, il les réservera aux scènes de théâtre.

je lus ce livre pour la première fois. L'ébranlement que j'en reçus, l'influence qu'il exerça sur moi, je ne peux mieux les comparer qu'au choc provoqué sur toute une génération par *Les Nourritures terrestres.* » Jean Grenier, maître vétilleux, ne montrera pas toujours pareil emballement pour les chefs-d'œuvre de son élève. Sa santé lui barrant l'accès à l'École normale supérieure, Camus étudie l'année suivante à la faculté des lettres d'Alger, sous la houlette encore de Jean Grenier.

Premiers engagements

Son deuxième poumon vient d'être atteint quand il épouse, en juin 1934, la fille d'une ophtalmologue réputée, la ravissante Simone Hié. Vit-il comme une revanche sociale de s'unir ainsi à la haute bourgeoisie d'Alger ? Même s'il demande à sa mère, en cadeau de mariage, une douzaine de chaussettes blanches et roule avec son épouse dans une grosse Citroën, jamais il ne renie ses origines : à la riche Simone, il dédie « Les Voix du quartier pauvre », qui formera, en 1937, le noyau de *L'Envers et l'Endroit.* Il doit, pour gagner l'argent du ménage, donner des leçons particulières et travailler, pendant l'été,

Le cœur de Simone Hié a balancé entre Max-Pol Fouchet (futur romancier et journaliste), à qui on la disait même fiancée, et Albert Camus. Elle accordait aussi ses faveurs, paraît-il, à d'autres soupirants. Cette liberté de mœurs était rare en Algérie, où on ne badinait pas avec l'honneur des jeunes filles. Camus n'hésita pourtant pas à épouser Simone. « J'ai envie de me marier, de me suicider, ou de m'abonner à *L'Illustration.* Un geste désespéré », dit Mersault, le héros de *La Mort heureuse.* Ci-dessous, Simone pose devant une Simca 5, modèle présenté au Salon de l'automobile en octobre 1936.

au service des cartes grises de la préfecture d'Alger. Il n'empêche : le couple, fitzgeraldien, éblouit les amis algérois. Il va rapidement battre de l'aile. La dépendance à la morphine de Simone lui donnera le coup de grâce.

Au cours de l'été 1935, licencié en philosophie, Camus entreprend un voyage en cargo qui doit le conduire en Tunisie ; une alerte de santé le ramène précipitamment à Alger. Il se console de cette escapade manquée en allant passer trois ou quatre jours à Tipasa, paysage de ruines romaines ouvert sur la mer et gorgé par l'odeur des absinthes, avant d'effectuer en compagnie de Simone un bref voyage aux Baléares, terre d'origine de sa famille maternelle.

Il milite cette année-là au mouvement antifasciste Amsterdam-Pleyel et, à la fin de l'été, sur les conseils de Jean Grenier, il adhère au Parti communiste, qui le charge de recruter des militants dans les milieux musulmans. Sa passion pour le théâtre sert ses choix politiques : le nom de la troupe qu'il fonde avec des amis, le Théâtre du Travail, est à lui seul une affiche. « L'art n'est pas tout pour moi. Que du moins ce soit un moyen », note-t-il dans ses *Carnets*.

« L'œuvre est un aveu. Il me faut témoigner »

Autant que le football, la scène exige un effort collectif ; c'est un texte collectif, *Révolte dans les Asturies*, qui doit inaugurer le programme des représentations. Célébrer l'Espagne, c'est, pour

Éditeur à vingt et un ans de la pièce interdite *Révolte dans les Asturies*, Edmond Charlot (ci-dessous en 1937) avait deux ans de moins que Camus. Convaincu très tôt de son talent, il publie *L'Envers et l'Endroit* en 1937, puis *Noces*, et aide à créer l'éphémère revue *Rivages* (1938-1939), consacrée à la culture méditerranéenne. Sa librairie de la rue Charras, Les Vraies Richesses (ci-dessous, à gauche), ainsi nommée en hommage à Giono, servait de lieu de rendez-vous à la jeunesse estudiantine d'Alger. Après la Seconde Guerre mondiale, les activités éditoriales d'Edmond Charlot s'étendirent grâce à la collection « Les Cinq Continents ». Chroniqueur radio jusqu'en 1962, Edmond Charlot est mort en 2004.

En 1935, Camus découvre les ruines antiques de Tipasa, que domine de sa masse le mont Chenoua (ci-dessus, au fond). « À regarder l'échine solide du Chenoua, mon cœur se calmait d'une étrange certitude. » Cet ancien comptoir phénicien devenu colonie romaine sera un des lieux de *Noces* et de *L'Été*. « Au printemps, Tipasa est habitée par les dieux, et les dieux parlent dans le soleil et l'odeur des absinthes, la mer cuirassée d'argent, le ciel bleu écru, les ruines couvertes de fleurs et la lumière à gros bouillons dans les amas de pierres » (*Noces*).

Camus, rendre hommage à son ascendance maternelle et éclairer une situation critique, qui dégénérera bientôt en guerre civile. Le maire d'Alger, Augustin Rozis, interdit la représentation de la pièce, mais un jeune éditeur algérois courageux, Edmond Charlot, la publie aussitôt. La troupe monte *Le Temps du mépris*, d'après le roman de Malraux, et *Prométhée enchaîné*, d'Eschyle. Les souffrances et les injustices de notre temps d'une part, l'éternelle condition de l'homme face à son destin de l'autre : l'œuvre théâtrale de Camus s'essoufflera à vouloir concilier ces deux formes de tragique.

Pour l'instant, il se multiplie : metteur en scène, adaptateur, acteur... Faute de se démener dans les buts du RUA, il interprète des rôles, comiques à l'occasion. L'air pensif ou tourmenté de ces portraits où s'est gravée la légende du « juste » ne donne pas l'idée de son goût durable pour les pitreries. Sa troupe joue dans un baraquement sur pilotis, qui sert de salle des fêtes à un établissement de bains, près de la pêcherie d'Alger, les Bains Padovani.

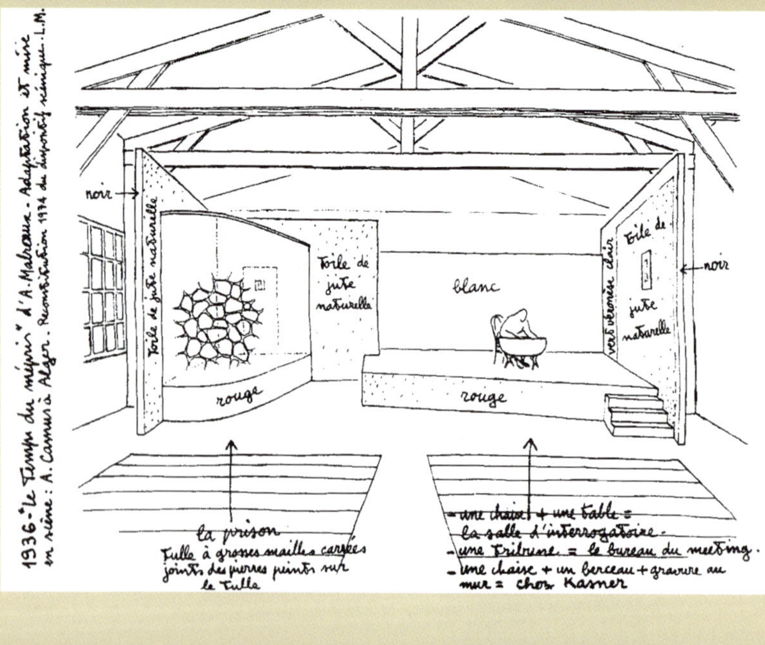
1936 - « Le Temps du mépris » d'A. Malraux. Adaptation et mise en scène : A. Camus à Alger. Reconstitution 1974 du dispositif scénique. L.M.
noir
Toile de jute naturelle
Toile de jute naturelle
blanc
rouge
rouge
vert véronèse clair
Toile de jute naturelle
noir
la prison
Tulle à grosses mailles carrées
joints des pierres peints sur le tulle
- une chaise + une table = la salle d'interrogatoire.
- une tribune = le bureau du meeting.
- une chaise + un berceau + gravure au mur = Chez Kasner

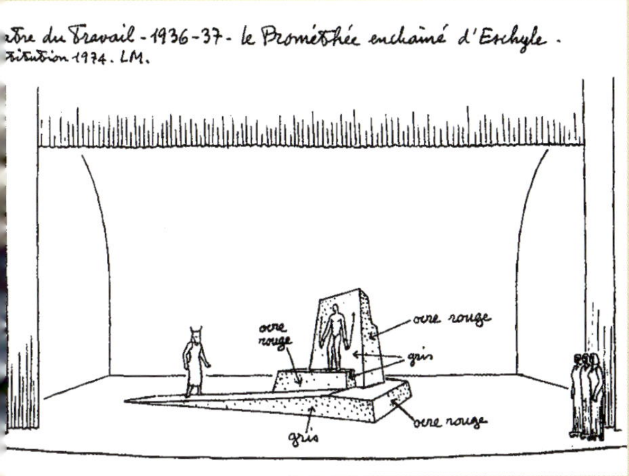

« À la plage Padovani, le dancing est ouvert tous les jours. » La salle, une baraque en bois sur pilotis de Bab-el-Oued, sert aussi à organiser des banquets (en haut, à gauche). Camus et sa troupe l'utiliseront pour leurs représentations théâtrales. Le Théâtre du Travail se veut collectif et pratique l'anonymat. Les acteurs ne figurent pas au programme. En janvier 1936, la troupe y donne *Le Temps du mépris*, adapté du roman de Malraux, dont le héros est un militant communiste torturé

héâtre du travail à Alger

par les nazis. Après l'interdiction de jouer *Révolte dans les Asturies*, qu'elle a écrite et mise en scène, la troupe monte *Prométhée enchaîné*, d'Eschyle. « Je veux introduire des éléments populaires, des masques grecs barbouillés, lie-de-vin », confie Camus à l'époque où il en prépare la mise en scène (en bas, à gauche, dispositif scénique de Louis Miquel). À la même époque, Camus joue aussi dans la troupe de Radio-Alger sous le nom d'Albert Farnèse. Ci-contre, interprétant le rôle d'Olivier le Daim dans *Gringoire*, de Théodore de Banville, en février 1937.

Il sait aussi être sérieux. À la licence succède, en juin 1936, la maîtrise ou, comme on disait à l'époque, le diplôme d'études supérieures. Sujet : « Métaphysique chrétienne et néoplatonisme. Plotin et saint Augustin ». Il note à propos des Grecs : « Leur évangile disait : notre royaume est de ce monde. » Cet évangile sera aussi le sien. L'été suivant le conduit au bord du désespoir. Voyageant en Europe centrale avec Simone et des amis, il découvre à Salzbourg, au hasard d'une lettre, que le fournisseur de drogue de sa femme est aussi son amant. À leur retour en France, il la quittera définitivement. En attendant, il se morfond à Prague, ville grise, dont la cathédrale et les églises baroques le laissent insensible. Au moins la Tchécoslovaquie lui inspirera-t-elle *Budejovice*, pièce tragique où deux femmes vont jusqu'au crime pour assouvir leur soif de mer et de soleil, et qu'il appellera finalement *Le Malentendu*. Il se sent renaître en revenant par l'Italie. « À Prague, j'étouffais entre des murs. Ici, j'étais devant le monde » (*L'Envers et l'Endroit*). Comme cette « maison devant le monde », la maison Fichu, louée quelques mois plus tôt par ses amies Jeanne Sicard et Marguerite Dobrenn sur les hauteurs d'Alger et où, avant même de renoncer tout à fait à Simone, il est souvent allé chercher refuge. À partir de janvier 1937, il y retrouve une jeune Oranaise, aussi aimante et bronzée que Marie Cardona, l'héroïne de *L'Étranger* : Christiane

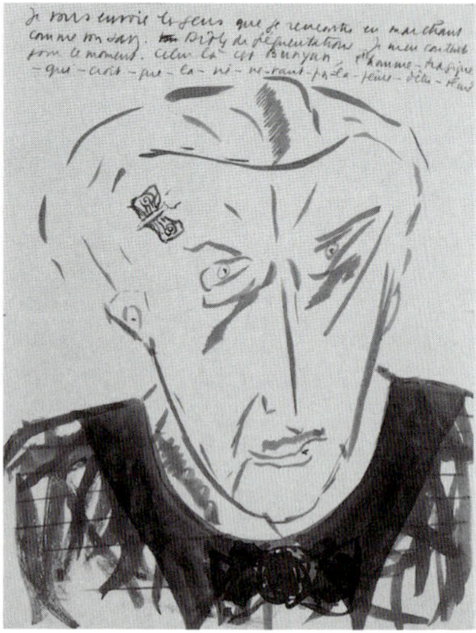

Après sa rupture avec Simone, Camus choisit comme quartier général la « maison devant le monde » (à gauche, peinte des années plus tard par Louis Bénisti), « une maison où l'on est heureux » et où il retrouve ses amies Jeanne Sicard et Marguerite Dobrenn. En 1937, Camus envoie à cette dernière un autoportrait de sa main qu'il légende ainsi : « Bunyan, l'homme-tragique-qui-croit-que-la-vie-ne-vaut-pas-la-peine-d'être-vécue » (ci-dessus). « Je vois que beaucoup de gens meurent parce qu'ils estiment que la vie ne vaut pas la peine d'être vécue », écrira-t-il – plus sérieusement – au premier chapitre du *Mythe de Sisyphe*.

Plotin et Saint Augustin

Galindo. Venue à Alger pour occuper un emploi de sténodactylo, Christiane mettra sa Remington au service des premières œuvres de Camus. Les *Carnets* alignent les projets : « Caligula ou le sens de la mort. 4 actes » ; le plan d'un roman, *La Mort heureuse*. Et aussi : « Récit. L'Homme qui ne veut pas se justifier. L'idée qu'on se fait de lui, lui est préférée » ; c'est *L'Étranger* qui est ici en germe. En mai paraît son premier vrai livre, *L'Envers et l'Endroit*. « Il y a plus de véritable amour dans ces pages maladroites que dans toutes celles qui ont suivi », écrira-t-il vingt et un ans plus tard, en préface, quand l'ouvrage sera réédité en 1958.

En 1937, Camus se rend souvent à Tipasa avec des amis (ci-dessous, de gauche à droite : Christiane Galindo, Yvonne Miallon et Madeleine Joussaud). « J'avais toujours su que les ruines de Tipasa étaient plus jeunes que nos chantiers ou nos décombres. Le monde y recommençait tous les jours dans une lumière toujours neuve » (*L'Été*).

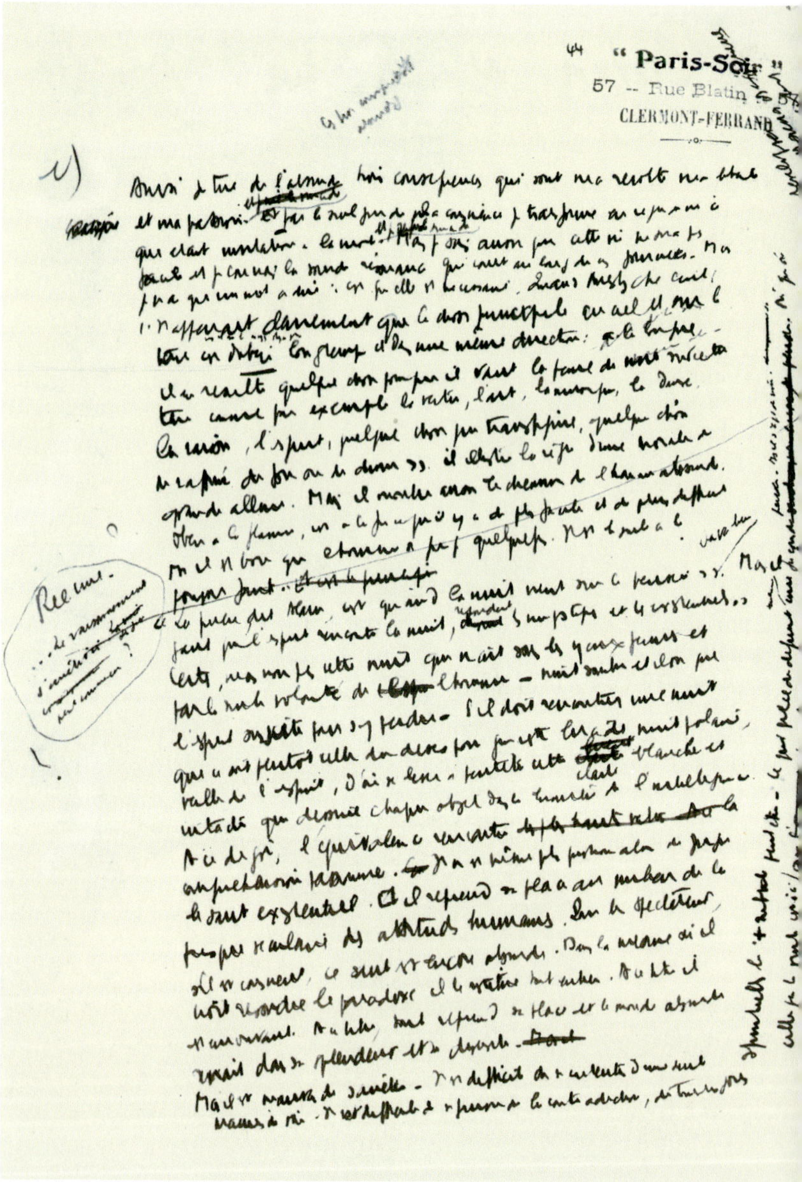

44 "Paris-Soir"
57 -- Rue Blatin 57
CLERMONT-FERRAND

Romancier, dramaturge ou penseur, Camus est un écrivain de l'absurde. L'au-delà n'offre pas de réponse à nos angoisses. « Mon royaume tout entier est de ce monde. » Mais le bonheur est précaire. Meursault, l'« étranger », détruit un jour, d'un coup de feu, l'équilibre d'une belle matinée d'été : « Et c'était comme quatre coups brefs que je frappais sur la porte du malheur. » Toujours, chez Camus, l'extase lyrique côtoie le tragique.

CHAPITRE 2

« IL FAUT IMAGINER SISYPHE HEUREUX »

En exil à Oran au début des années 1940, où il doit faire face à une nouvelle attaque de tuberculose, Camus connaît ses seuls moments heureux lors des virées à bicyclette vers les plages du Canastel (ci-contre, avec Francine, en 1942). La question du bonheur, dans son œuvre ou dans sa vie, toujours le taraude : « L'héroïsme est peu de chose, le bonheur est plus difficile. » Page de gauche, manuscrit du *Mythe de Sisyphe*.

Littérature et journalisme

S'il n'a pas grand-chose à dire sur la musique, Camus apprend, en Italie, à aimer la peinture et la sculpture. Un voyage dans le midi de la France, en septembre 1937, se prolonge à Pise, Florence, Fiesole, Gênes. Plus que les visages souriants de Léonard de Vinci, il apprécie les figures primitives et barbares de Giotto ou de Piero della Francesca, et s'il goûte le sourire du saint François de Giotto de l'église Santa Croce, à Florence, c'est parce qu'il s'agit d'un « sourire intérieur ». La sculpture répond à son goût de la pierre : « Elle redonne à la forme humaine le poids et l'indifférence sans lesquels je ne lui vois pas de grandeur. »

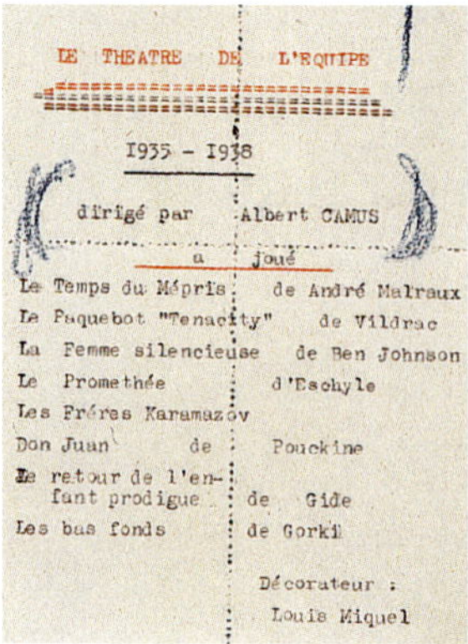
LE THEATRE DE L'EQUIPE

1935 - 1938

dirigé par Albert CAMUS

a joué

Le Temps du Mépris de André Malraux
Le Paquebot "Tenacity" de Vildrac
La Femme silencieuse de Ben Johnson
Le Promethée d'Eschyle
Les Fréres Karamazov
Don Juan de Pouckine
Le retour de l'enfant prodigue de Gide
Les bas fonds de Gorki

Décorateur : Louis Miquel

Son engagement politique ne s'est pas relâché : en avril 1937, il a soutenu dans une réunion publique le projet Blum-Viollette, qui aurait donné la citoyenneté française à un certain nombre de musulmans d'Algérie. Or, sous l'influence des accords passés entre le Premier ministre français Pierre Laval et Staline (mai 1935), le Parti communiste s'était fait progressivement un allié plus discret des nationalistes algériens, au point d'accepter, en 1937, l'emprisonnement de militants que Camus avait lui-même recrutés.

M. VIOLLETTE EXPLIQUE SO
LA FRANCE DOIT REC
LE DRO
AUX INDIGÈNES
LE BUT DU GOUVERNEMEN
A UNE ÉLITE RESTREIN
UNE RÉCOMPENS
AMPLEMENT MÉRIT
par
Maurice Violle
Ministre d'État
Ancien gouverneur général de
Pourquoi les indigènes ne veulent pas renoncer à leur statut personnel

En octobre 1937, Camus est nommé professeur au lycée de Sidi-bel-Abbès. Il se rend sur place mais se ravise et refuse le poste. « Et là [...] devant ce qu'avait de définitif une telle installation, tout a soudain reflué. Je me suis refusé à cela, comptant pour rien sans doute ma sécurité au regard de mes chances de vraie vie. » (*Carnet I*). De retour à Alger, il anime avec ferveur le Théâtre de l'Équipe. S'il reprend les pièces mises en scène par la troupe du Travail, comme *La Célestine*, tragi-comédie de Fernando de Rojas (à gauche), il adaptera plus tard des pièces de Calderón et de Lope de Vega, signe d'un attachement indéfectible à l'Espagne et au Siècle d'or de son théâtre (à droite, affiche)

Il quitte alors le Parti (automne 1937) et change le nom du Théâtre du Travail en Théâtre de l'Équipe. La troupe va jouer *La Célestine*, de Fernando de Rojas, *Le Paquebot Tenacity*, de Charles Vildrac, *Le Retour de l'enfant prodigue*, de Gide, et, en mai 1938, une adaptation des *Frères Karamazov*, de Dostoïevski. Camus découvre le grand romancier russe ; il ne le quittera plus. Pour gagner sa vie, il devient assistant temporaire en météorologie. Et, avec son ami d'hypokhâgne Claude de Fréminville (le futur Claude Terrien d'Europe n° 1), il fonde rien de moins qu'une société d'édition, les éditions Cafre (« Ca » comme Camus, « Fre » comme Fréminville), qui publieront une demi-douzaine de titres.

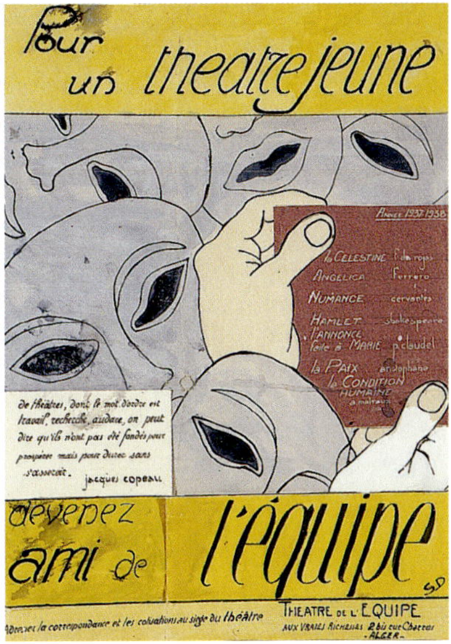

En 1938, il travaille à deux romans : *La Mort heureuse*, qu'il laissera inachevé (publication posthume, 1971), et *L'Étranger*. Songeant aussi à un essai philosophique, il se nourrit de Nietzsche, de Kierkegaard et de Melville. Un romancier aux côtés de métaphysiciens patentés ? Camus s'est toujours présenté comme un penseur, non comme un philosophe ; et l'aventure du capitaine Achab, dans *Moby Dick*, illustre aussi profondément que le *Traité du désespoir* une réflexion sur l'absurde.

Une visite médicale ayant ruiné son projet de se présenter à l'agrégation de philosophie, il cherche sa voie dans le journalisme. Le 10 avril, il a annoncé, dans *Oran républicain*, le lancement

Si Maurice Viollette, ministre d'État du gouvernement de Léon Blum, avait été écouté, 20 000 indigènes algériens à peine (anciens combattants, fonctionnaires, diplômés, gradés…) auraient obtenu les mêmes droits que les Français originaires d'Europe (ci-contre, l'annonce du projet dans *Paris-Soir* du 7 mars 1937). Ce projet très modéré, accepté par de nombreux dirigeants algériens, mais rejeté par le parti populaire (nationaliste) de Messali Hadj, déclencha la fureur de la majorité des Français d'Algérie, et ne fut même pas examiné par le Parlement.

d'une revue de culture méditerranéenne, *Rivages*, dont paraîtront deux numéros. Surtout, après avoir rencontré Pascal Pia, il devient, en octobre, rédacteur d'un nouveau journal, *Alger républicain*, « journal des travailleurs », fidèle au programme exposé au printemps 1936 par le Front populaire. Il y rend compte, d'abord, d'œuvres littéraires : *La Nausée*, de Sartre, *La Conspiration*, de Paul Nizan… « Un roman n'est jamais qu'une philosophie mise en images », écrit-il à propos de *La Nausée*, formule féconde quand on prépare soi-même un roman et un essai sur l'absurde, et, pour conclure : « Au reste, c'est ici le premier roman d'un écrivain dont on peut tout attendre. » Il ne croit pas si bien dire.

Camus épousera Francine en 1940, trois ans après leur rencontre à Alger (ci-dessus, le couple en 1941). Elle le présente à sa famille en ces termes : « Il m'a chargé de vous dire qu'il était malade, sans argent, sans métier, qu'il n'était pas divorcé et qu'il aimait la liberté. »

En mai 1939 il publie chez Charlot un recueil de courts essais, *Noces*, et, du 5 au 15 juin, dans *Alger républicain*, onze articles sur la Kabylie. Deux visages de l'Algérie et de la condition humaine. *Noces* exprime le bonheur sans mesure et sans honte (*Noces à Tipasa*), l'attachement à un présent qui exclut l'idée de la mort (*Le Vent à Djémila*), les joies saines offertes par les bains de mer et les jolies filles (*L'Été à Alger*). La série d'articles (*Misère de la Kabylie*) évoque « une vieille femme cassée en deux qui pesait 25 kilos » ou des enfants en loques « qui disputent à des chiens kabyles le contenu d'une poubelle ». Ce contraste porte en germe le déchirement de Camus pendant la guerre d'Algérie : attaché viscéralement à sa terre, il sait à quel point elle est une terre d'injustice. Il figure aussi une contradiction majeure de sa pensée, accrochée par principe à un bonheur dénué d'égoïsme alors que, écrira-t-il dans *Caligula*, « les hommes meurent et ils ne sont pas heureux ».

MISERE
DE LA
KABYL
VI. — L'ASSISTANCE
" Un médecin pour 60.000 hab
par Albert

Alger, Oran, Paris et retour

À la déclaration de la guerre (3 septembre 1939), sa demande d'engagement est repoussée pour raisons médicales. *Alger républicain* ayant suspendu sa parution, il collabore avec Pascal Pia à *Soir républicain*, où il donne des articles sur la justice en Algérie et les républicains espagnols, et il fait des allers-retours entre Alger et Oran. Onze heures de train séparent alors les deux villes. Il a, quelques mois plus tôt, rencontré Francine Faure, une Oranaise. Quand on sait la rivalité qui opposait Algérois et Oranais, au football et ailleurs, on mesure à quel point leurs fiançailles durent faire jaser les copains. Les Algérois sont snobs et « pincés » ; les Oranais plus « nature », jusqu'à

La rédaction d'*Alger républicain* est confiée à Pascal Pia, journaliste parisien, qui, faute de moyens, engage deux rédacteurs débutants, dont Camus.

ALGER REPUBLICAIN
ne sait pas tout,
mais tout ce qu'il sait,
il le dit.

Le premier numéro paraît le 6 octobre 1938. Camus trouve vite sa place au sein de l'équipe (ci-dessus, le troisième en partant de la droite) et passe des brèves locales au grand reportage. Ses articles de juin 1939 dénonçant la situation en Kabylie (à gauche), véritable réquisitoire contre l'administration coloniale, lui valent d'être censuré par le gouvernement général et interdit de travail à Alger.

…isère de la Kabylie

PAR ALBERT CAMUS

…vivre la Kabylie réclame :
…ires humains et la liquidation du chômage.
…orisation de sa production agricole.
…ures complémentaires: porte ouverte à l'émi…
…, organisation de l'habitat, équipement techni…
…pays, etc…

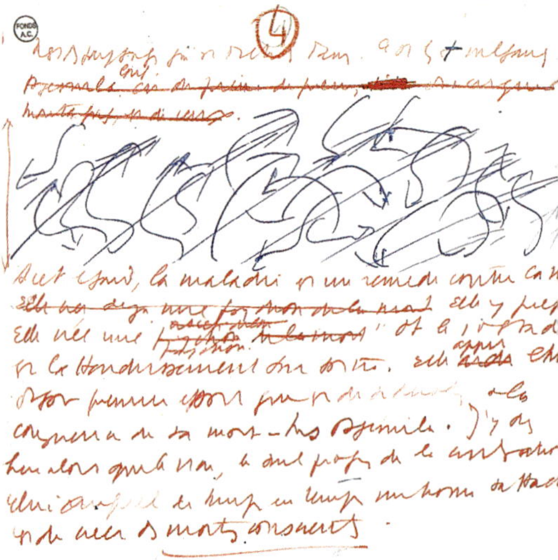

la vulgarité. Francine est tout sauf vulgaire. Cultivée (elle étudie les mathématiques et joue Bach au piano), peu portée sur l'exaltation des plaisirs du corps, elle est l'opposée de Christiane Galindo. La plus sûre chance de plaire à un don Juan n'est pas de ressembler à la conquête qui a précédé.

À Oran, Camus donne, en février 1940, quelques cours de philosophie et compose « Le Minotaure » (recueilli dans *L'Été*, 1954), qui consacre la ville de Francine comme la « capitale de l'ennui ». « Les rues d'Oran sont vouées à la poussière, aux cailloux et à la chaleur. S'il y pleut, c'est le déluge et une mer de boue. »

Quand il publiera *L'Été*, Camus fera précéder sa nouvelle d'une forme d'excuse à l'égard de cette « belle ville », qui s'est, prétend-il, améliorée.

En mars, il quitte l'Algérie pour Paris afin d'entrer à *Paris-Soir*. « C'est sale. Il y a des pigeons et des cours noires. Les gens ont la peau blanche » : voilà l'idée de la capitale que se fait Meursault, dans

À son retour à Oran, en hiver 1941, Camus est le plus souvent sans emploi et enseigne de façon épisodique dans un établissement privé, les Études françaises, où l'on recueille les élèves juifs chassés de l'école publique. Tuberculeux, il doit parfois garder le lit. C'est à l'occasion de ce séjour qu'il découvre les rivages des environs d'Oran, la ville « qui tourne outrageusement le dos à la mer », cette cité « débraillée, dispersée, sans ordre aux quatre coins d'un paysage rocheux ». Il y restera jusqu'en août 1942, et y rédigera une partie de son œuvre. Ci-dessus, manuscrit du *Vent à Djémila*. Dès avril 1937, les *Carnets* consignaient des notes en vue de cet « essai sur les ruines ».

L'Étranger, quand il refuse d'aller y améliorer sa situation. Camus ne pense guère autrement. Dans *Le Vent à Djémila*, ville qui « ne mène nulle part et n'ouvre sur aucun pays », il écrivait, comme pour justifier d'avance son héros : « Que signifient ici les mots d'avenir, de mieux-être, de situation ? ». Aura-t-il donc fallu la guerre pour le décider à l'exode en métropole ? Tôt ou tard, écrivain reconnu, il aurait quitté son Algérie. Meursault et le narrateur de *Noces* illustrent un aspect de son caractère, une résistance à cette vie de réflexion et d'engagement vers laquelle le portait une autre partie de lui-même.

En juin 1940, il se replie avec la rédaction de *Paris-Soir* à Clermont-Ferrand, puis à Lyon, où il épouse Francine le 3 décembre. Licencié pour cause de compression de personnel, il retourne avec sa femme à Oran, où la famille Faure leur prête un appartement. Francine est institutrice suppléante, Albert donne des cours dans des établissements privés et il tente de remonter le Théâtre de l'Équipe.

Avec Pascal Pia à Lyon en 1940, au temps de *Paris-Soir*. Le journal, qui fait partie du puissant groupe Prouvost, a connu, grâce à la modernisation de ses moyens techniques, un extraordinaire essor dans les années 1930. En 1939, il tire à deux millions d'exemplaires. Ni de droite, ni de gauche, il offre à ses lecteurs des articles lénifiants. Camus et Pia n'appréciaient guère cette ligne molle et démagogique. Mais il fallait bien gagner sa vie.

« Caligula » et « L'Étranger »

Le 21 février 1941, il note dans ses *Carnets* : « Terminé Sisyphe. Les trois Absurdes sont achevés. » L'essai (*Le Mythe de Sisyphe*), le roman (*L'Étranger*) et la pièce (*Caligula*) ont été menés de front. Avec *Caligula*, il n'est pourtant pas au bout de ses peines. Dans la version dite de 1941, la figure de l'empereur fou apparaît comme celle d'un ange noir, basculant dans le crime parce qu'il est épris d'absolu. La veulerie de ses courtisans explique, à défaut de les justifier, les excès sanguinaires de son despotisme. Les victimes consentantes d'un tyran n'auraient donc que ce qu'elles méritent ? « Selon moi, les tyrans ont toujours raison, ce sont ceux qui leur obéissent qui sont ridicules », écrivait Stendhal (*Mémoires d'un touriste*) dont Camus fut toujours si proche. Après des années de luttes anti-fascistes, il ne peut toutefois ignorer quelle actualité brûlante prendra sa pièce. L'ambiguïté de la figure du tyran, conçue avant 1939, devient intolérable au fil de la guerre. Pour cette raison, et d'autres plus spécifiquement scéniques, *Caligula* sera retouché avant d'être joué à la Libération.

En lisant le manuscrit de *L'Étranger*, Jean Grenier a fait la fine bouche. Pascal Pia, Malraux, puis Jean Paulhan sont plus enthousiastes. Le roman est accepté en novembre 1941 par le comité de lecture de Gallimard, et publié en mai 1942.

Dans *L'Étranger* comme dans *Caligula*, la perte de la femme aimée déclenche les errements du héros. Au début de la pièce, l'empereur s'est enfui après la mort de sa sœur, qui était aussi sa maîtresse ; quand il réapparaît, il est plus fou que jamais. « Aujourd'hui, maman est morte », lit-on à la première ligne de *L'Étranger* ; de ce moment, Meursault va dériver au fil

Camus avait confié le manuscrit de *L'Étranger* à Pascal Pia, qui devait le transmettre à Jean Paulhan (ci-dessous), successeur de Jacques Rivière à la tête de *La Nouvelle Revue française* en 1925. Ses prises de position politique contraignent Paulhan à céder son poste à Drieu la Rochelle au cours de l'été 1940, sous la pression de l'occupant. Il conserve néanmoins ses fonctions de lecteur et de conseiller des éditions Gallimard. À la fin de sa vie, il citera volontiers Camus parmi ses plus importantes découvertes.

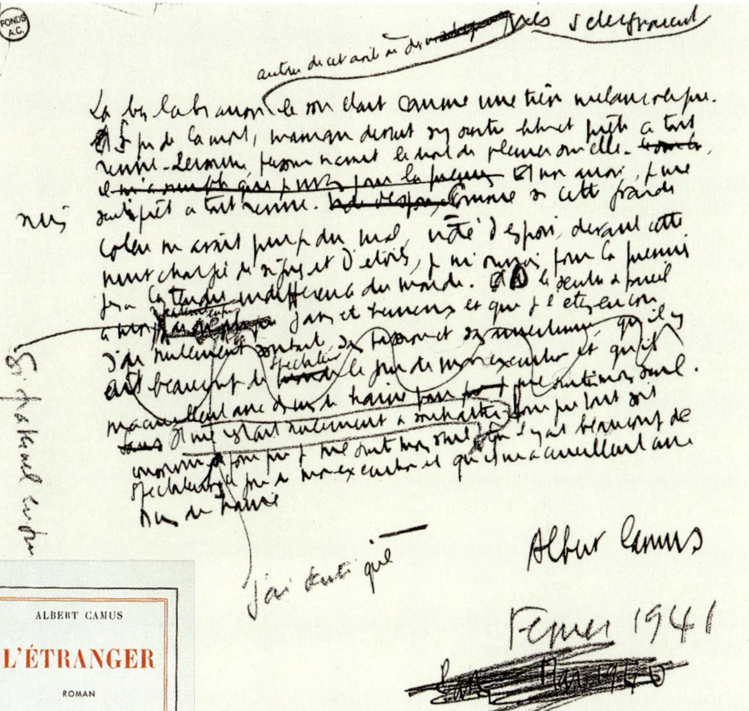

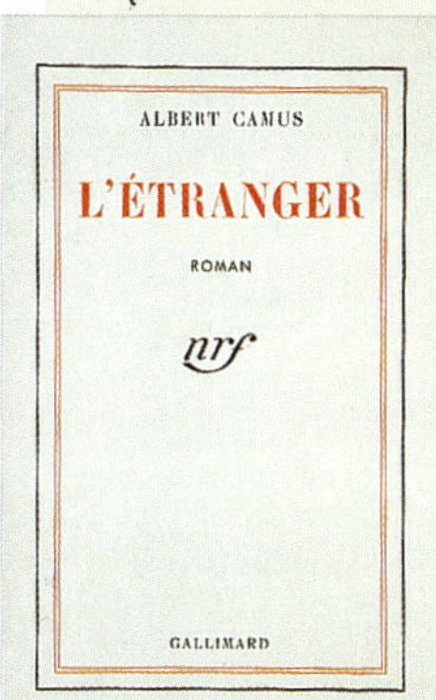

de l'existence jusqu'à commettre un meurtre qui ne lui donnera aucun remords. « Le héros du livre est condamné parce qu'il ne joue pas le jeu », écrira Camus dans sa préface à une édition américaine du roman. Plus que le meurtre, son apparente insensibilité lors de l'enterrement de sa mère, et son bizarre détachement lors du procès décident les jurés à lui infliger la peine capitale. Ce refus du mensonge fait de lui, aux yeux de Camus, « le seul christ que nous méritions ». Que le meurtre d'un Arabe par un Français d'Algérie offre une fable à l'histoire de la colonisation, l'idée s'imposera plus tard; elle était sans doute étrangère aux desseins de

« *L'Étranger* est terminé », annonce Camus en mai 1940. Il vient, confie-t-il à Francine, d'en écrire la dernière phrase. La copie du manuscrit (ci-dessus) prouve qu'il n'en avait pas encore fini avec les corrections. Publié dans la collection blanche à liséré rouge, le roman marque les débuts d'une longue collaboration avec les éditions Gallimard qui sera aussi une histoire d'amitié avec Michel et Robert Gallimard.

Camus. Lui a aussi échappé la nouveauté de la « parole transparente » du roman, « style de l'absence qui est presque une absence idéale du style » (Roland Barthes). Reflétant l'état quasi végétatif du héros, elle a parfois été rapprochée de la technique des romanciers américains. « Je donnerais cent Hemingway pour un Stendhal ou un Benjamin Constant », dira pourtant Camus dans une interview. Le rapprochement valait pour la première partie du roman : à mesure que Meursault s'achemine vers la révolte, la psychologie reprend le dessus. « Une œuvre classique, une œuvre d'ordre, composée à propos de l'absurde et contre l'absurde », commente Sartre dans son « Explication de *L'Étranger* » (*Situations I*), et il affranchit Camus de cette parenté avec Kafka qui gêna certains lecteurs : « Les vues de M. Camus sont toutes terrestres. Kafka est le romancier de la transcendance impossible : l'univers est, pour lui, chargé de signes que nous ne comprenons pas ; il y a un envers du décor. Pour M. Camus, l'absence de drame humain, c'est, au contraire, l'absence de toute transcendance. »

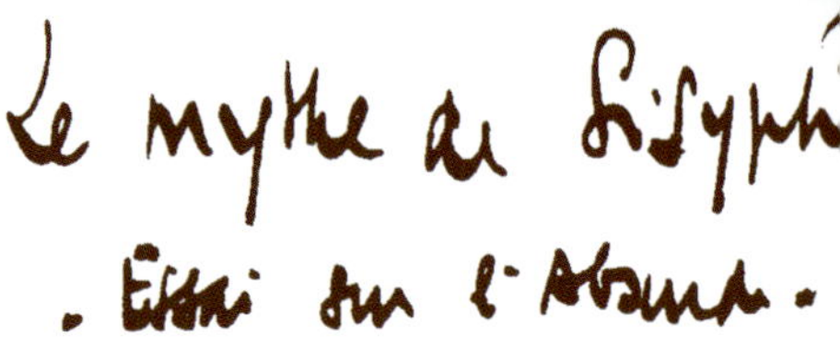

Achevé presque en même temps que *L'Étranger*, l'essai est souvent publié sans sous-titre, mais le mot « absurde » figure en tête de chacune des trois parties (*Un raisonnement absurde, L'homme absurde, La création absurde*). Il sera dédié à Pascal Pia. Ci-dessus, lithographie d'André Masson pour l'édition du *Mythe de Sisyphe* aux éditions André Sauret, en 1962. Page de droite, Camus au Panelier.

« Le Mythe de Sisyphe »

L'article de Sartre, daté de février 1943, aborde *L'Étranger* comme une illustration du *Mythe de Sisyphe*, publié en octobre 1942. Camus a bien écrit qu'« un roman n'est jamais qu'une philosophie mise en images »... Sur le fond et l'originalité de sa philosophie, Sartre se montre, avec raison, plus réservé que sur son talent littéraire. On connaît l'argument essentiel du *Mythe* : si le ciel répondait aux questions que se pose l'homme sur sa condition, ou si l'homme ne se posait pas de questions, il n'y aurait pas d'absurde ; l'absurde naît de l'insatiable questionnement, toujours laissé sans réponse. Rien là qui révolutionne la pensée occidentale. Mais Camus a, dans l'« Avertissement » du *Mythe*, limité son territoire : « Les pages qui suivent traitent d'une sensibilité absurde qu'on peut trouver éparse dans le siècle – et non d'une philosophie absurde que notre temps, à proprement parler, n'a pas connue. » La première phrase de l'essai, « Il n'y a qu'un problème philosophique vraiment sérieux : c'est le suicide », annonce une réflexion existentielle plutôt qu'une spéculation métaphysique, et Camus analyse moins, ensuite, l'absurde lui-même que les attitudes que l'homme lui oppose : le donjuanisme, la comédie, la conquête et, surtout, la création artistique. Créer, c'est « donner une forme à son destin ». La création littéraire sera toujours, pour lui, une réponse à l'absurde. Condamné à rouler son rocher, Sisyphe illustre, au dernier chapitre du *Mythe*, la condition humaine ; loin d'être désespéré par son incessant échec, il emplit son cœur de la satisfaction du devoir accompli. « Il faut imaginer Sisyphe heureux », lit-on en conclusion de l'essai. *L'Étranger* laissait croire que, sauf mauvais coup du destin, le bonheur s'offre naturellement à qui l'accepte avec simplicité. *Le Mythe de Sisyphe* s'achève sur une conception plus volontariste : le bonheur suppose un effort d'imagination.

Camus dira plus tard qu'il avait un plan précis en commençant son œuvre. Très tôt, en effet, il distingue trois « étages » successifs : l'absurde, la révolte, puis l'amour. Mais dès 1942, alors que le cycle de l'absurde n'est pas encore achevé, il s'apprête à illustrer « le monde de la tragédie et de la révolte » avec *Le Malentendu* et inscrit dans ses *Carnets* le projet d'un essai sur la révolte, qui aboutira à *L'Homme révolté.*

15

II (15)

En me réveillant j'ai compris pourquoi mon patron avait l'air mécontent quand je lui ai demandé mes deux jours de congé. C'est aujourd'hui samedi. Je l'avais pour ainsi dire oublié, mais en me levant, cette idée m'est venue. Mon patron, tout naturellement, a pensé que j'aurais ainsi quatre jours de vacances avec mon dimanche cela ne pouvait pas lui faire plaisir. Mais d'une part ce n'est pas de ma faute si on a enterré maman hier au lieu d'aujourd'hui et d'autre part, j'aurais eu mon samedi et mon dimanche de toute façon. Bien entendu, cela ne m'empêche pas de comprendre tout de même mon patron.

J'ai eu de la peine à me lever parce que j'étais fatigué de ma journée d'hier. Pendant que je me rasais, je me suis demandé ce que j'allais faire et j'ai décidé d'aller me baigner. J'ai pris le tram pour aller à l'établissement de bains du port et j'ai plongé dans la passe. Il y avait beaucoup de jeunes gens et j'ai retrouvé dans l'eau Marie Cardona une ancienne dactylo de mon bureau dont j'avais eu envie à l'époque. Elle aussi, je crois. Mais elle est partie peu après et nous n'avons pas eu le temps. Je l'ai aidée à monter sur une bouée et dans ce mouvement je lui ai touché les seins. J'étais dans l'eau. Elle était à plat ventre sur la bouée. Elle s'est retournée vers moi. Elle avait les cheveux dans les yeux et elle riait. Je me suis hissé à côté d'elle sur la bouée. Il faisait bon et, comme en plaisantant, j'ai laissé aller ma tête en arrière et je l'ai posée sur son ventre. Elle n'a rien dit et je suis resté ainsi. J'avais tout le ciel dans les yeux et il était bleu et doré. Sous ma nuque, je sentais le ventre de Marie battre doucement. Nous sommes restés longtemps sur la bouée, à moitié endormis. Quand le soleil est devenu trop fort, elle a plongé et je l'ai suivie. Je l'ai rattrapée, j'ai passé ma main autour de sa taille et nous avons nagé ensemble. Elle riait toujours. Sur le quai, pendant que nous nous séchions, elle m'a dit : "Je suis plus brune que vous." Je lui ai demandé si elle voulait venir au cinéma le soir. Elle a encore ri et m'a dit qu'elle avait envie de voir un film avec Fernandel

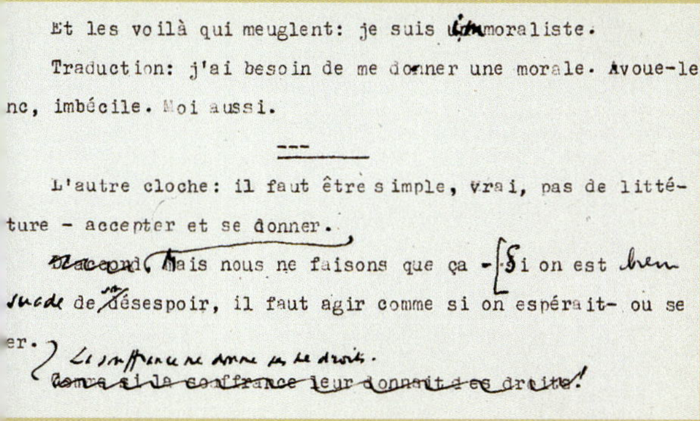

Et les voilà qui meuglent: je suis ~~un~~ immoraliste.

Traduction: j'ai besoin de me donner une morale. Avoue-le
nc, imbécile. Moi aussi.

L'autre cloche: il faut être simple, vrai, pas de litté-
ture - accepter et se donner.

~~D'accord~~. Mais nous ne faisons que ça - [Si on est bien sûr de son désespoir, il faut agir comme si on espérait- ou se
er.

La souffrance ne donne pas de droits.
~~Comme si la souffrance leur donnait des droits!~~

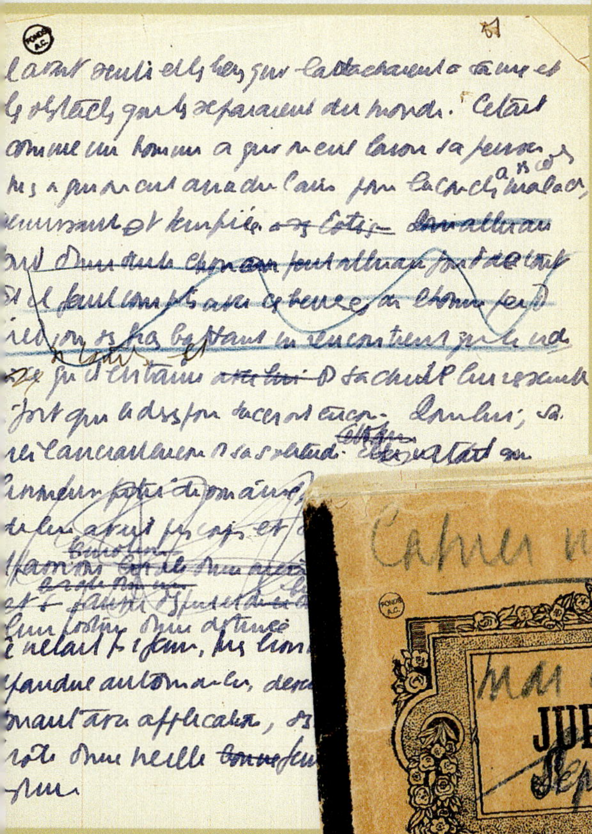

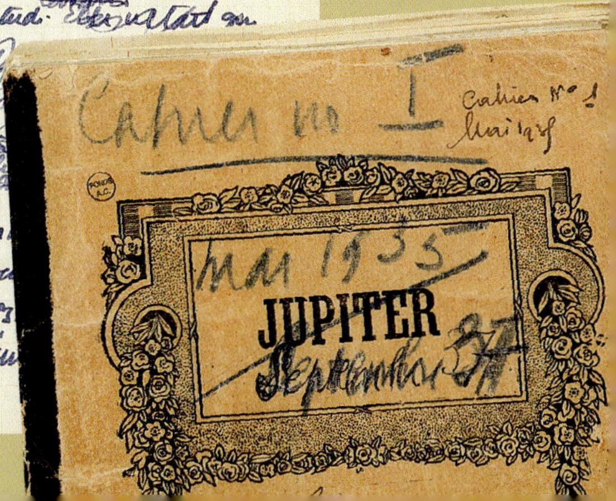

À partir de mai 1935 et jusqu'à ses derniers jours, Camus a tenu des « cahiers » (ci-dessous, la couverture du premier cahier d'écolier utilisé par Camus). Il y inscrivait des réflexions personnelles, des notes de lecture, ses projets d'ouvrages. Au nombre de neuf, ces cahiers seront édités après sa mort en trois volumes, sous le titre de *Carnets*. Les ajouts et les ratures portés sur le texte des « cahiers » prouvent que Camus les considérait comme une « œuvre », ainsi que le montre le fragment dactylographié inséré dans le manuscrit du « Cahier I », à la date de mai 1936 (ci-contre, en haut). Les années passant, les *Carnets* changent de ton et se rapprochent du journal intime : aux notes de travail se mêlent les confidences. Page de gauche, manuscrit de *L'Étranger* et ci-contre en bas *L'Envers et l'Endroit*.

EN AVANT!
JALOUSIE

La guerre a isolé Camus de sa femme et de sa terre natale. Il vit une sorte d'exil, en métropole, à l'époque où il conçoit un roman qui s'appelle un temps *Les Séparés*. Ce sera *La Peste,* fable où l'épidémie figure l'occupation allemande. Journaliste clandestin pendant les années noires, dramaturge reconnu à la Libération, maître à penser trop souvent confondu avec les « existentialistes », Camus, grâce à *La Peste,* s'impose aussi dans les années d'après-guerre comme un romancier à succès.

CHAPITRE 3

« PESTE : C'EST UN MONDE SANS FEMMES ET DONC IRRESPIRABLE »

Dans l'euphorie de la Libération, les éditoriaux que livre Camus au journal *Combat* (ci-contre, carte de presse) en font un des guides moraux de la France libérée et l'éditorialiste français le plus lu dans le monde. Il devient le grand commentateur de l'après-guerre et des nouvelles questions qui se posent au monde libre : l'épuration, la guerre froide, la bombe atomique ou l'Algérie...

« Comme des rats »

En juillet 1942, Camus s'apprête à retrouver des amis à Tipasa quand son état de santé lui commande de respirer plutôt l'air des montagnes. Il regagne la métropole pour prendre pension à la ferme du Panelier, près de Chambon-sur-Lignon, dans le Vivarais, chez la mère de Paul Œttly, qui mettra en scène *Caligula*. Francine, qui l'a accompagné, retourne en Algérie en octobre pour la rentrée des classes. Le 8 novembre, les Alliés débarquent en Afrique du Nord ; trois jours plus tard, la Wehrmacht occupe la zone sud (« zone libre ») de la France. La métropole est coupée de l'Algérie. « Comme des rats », note Camus dans ses *Carnets*. Il ne reverra Francine qu'à la Libération. À son roman sur la peste, il donne alors pour titre : *Les Séparés*.

Au Panelier l'occupent à la fois son roman et *Le Malentendu*. Il se rend parfois à Saint-Étienne, pour se faire soigner, et à Lyon, où il rencontre Francis Ponge, Aragon, Elsa Triolet et René Leynaud (poète, journaliste au *Progrès de Lyon* et résistant, qui sera fusillé en juin 1944). En juin 1943, il fait à Paris, à la générale des *Mouches*, la connaissance de Sartre et de Simone de Beauvoir. De juillet date la première des *Lettres à un ami allemand*, parue dans la clandestinité, où il affirme sa conviction que l'épée n'est rien sans l'esprit. Trois autres lettres suivront ; l'ensemble, publié après la Libération, sera dédié à René Leynaud. À l'automne il devient lecteur chez Gallimard et membre du jury du prix de la Pléiade ; comme Sartre et la majorité des votants, il choisit *Enrico*, roman d'un jeune chanteur dont la figure et la voix seront célèbres à Saint-Germain-des-Prés : Mouloudji. Ses rapports avec Sartre sont

René Leynaud (ci-dessus) est arrêté en mai 1944 à Lyon et fusillé un mois plus tard. « Il était ce que j'ai connu de meilleur et de plus pur. Rien ne paiera jamais cette mort atroce. Il aimait tant la vérité, la vie, tout ce qu'il y a de loyal en ce monde », écrit Camus à sa veuve Ellen, le 13 décembre 1944. Ci-dessous, la fausse carte d'identité de Camus au temps de *Combat* clandestin.

DÉPARTEMENT de Seine et Oise
COMMUNE d'Epinay sur Orge
CARTE D'IDENTITÉ
Nom : MATHE
Prénoms : Albert
Fils de Jacques Mathé
et de Madeleine Pannetier
Profession : Rédacteur
Né le 7 Mai 1911
à Choisy-le-Roi
Département : Seine
Domicile : Rue du petit Vaux
15 FRANCS
SIGNALEMENT
Taille : 1m76
Cheveux : chatain
Moustache : néant
Yeux : Gris verts
Nez : Droit
Forme générale du visage : Allongée
Teint : Mat
Signes particuliers :
Empreinte digitale
Signature du Titulaire :
20 MAI 1943
L'Adjoint au Maire
2 FRANCS

cordiaux, au point que celui-ci lui propose de mettre en scène *Huis clos* et d'y tenir le rôle de Garcin. On répète dans des chambres d'hôtel. Mais, Sartre étant prié de choisir un metteur en scène plus connu, Camus va le délier de sa promesse. *Huis clos* (créé le 27 mai 1944) sera mis en scène par Raymond Rouleau, et le rôle de Garcin joué par Michel Vitold.

Sollicité à la fin de l'année 1943 par Claude Bourdet, responsable du Comité national de la Résistance, Camus donne, à partir de mars 1944, des articles au journal clandestin *Combat*. Le couvre-feu favorise la vie sociale : quand on organise une soirée entre amis, elle dure jusqu'à l'aube. Le 19 mars, Michel Leiris monte à son domicile, quai des Grands-Augustins, la lecture d'une pièce de Picasso, *Le Désir attrapé par la queue*. Camus distribue les rôles et joue les metteurs en scène en chambre. Décidément, le besoin de la scène le démange. Il ne tardera pas à être assouvi.

La « troupe » improvisée du *Désir attrapé par la queue* prise en photo par Brassaï. Au premier rang, encadrant Camus : à gauche, Jean-Paul Sartre ; à droite, Michel Leiris. Debout, de gauche à droite : Jacques Lacan, Cécile Eluard, Pierre Reverdy, Louise Leiris, Zanie de Campan, Picasso, Valentine Hugo et Simone de Beauvoir. Derrière Leiris, Jean Aubier. De dos, au premier plan, Ouzbek, le chien de Picasso.

« Le Malentendu »

Le Malentendu, publié dans le même volume que *Caligula* en mai 1944, est créé le 24 juin au Théâtre des Mathurins dans une mise en scène de Marcel Herrand. Entre-temps, les Alliés ont débarqué en Normandie. Et Camus est tombé amoureux de l'interprète du rôle de Martha, une jeune femme d'origine espagnole réfugiée en France depuis 1939 : Maria Casarès. Le couple s'affiche sans faux-fuyant dans les boîtes où l'on danse. Dans la pièce, Martha est une meurtrière en série qui, secondée par sa mère, tue pour les dépouiller les clients de son auberge ; ainsi réalisera-t-elle son rêve de quitter ce morne pays où « une rose et deux bourgeons qui viennent de pousser dans le jardin du cloître » tiennent lieu de printemps, pour aller habiter dans ces régions où il y a, dit-on, « des plages tout à fait désertes ». « J'imagine avec délices cet autre pays où l'été écrase tout, où les pluies d'hiver noient les villes et où, enfin, les choses sont ce qu'elles sont » : Maria Casarès déclame en scène ces phrases lyriques qu'on croirait sorties de *Noces* ou des *Carnets*. L'action de la pièce est limitée au meurtre du dernier client, Jan, le frère de Martha. Ayant

La générale du *Malentendu* se déroula dans une ambiance tendue devant une salle hostile (ci-dessous, Camus observant la salle avant la levée du rideau). La critique collaborationniste ne manqua pas de décrier la pièce, l'accusant de faire preuve « d'angoisse métaphysique artificielle ».

abandonné depuis des années le foyer maternel, Jan a décidé d'y retourner incognito et paie de sa vie cette stupide imprudence. Quand elles reconnaissent leur erreur, Martha et sa mère se tuent à leur tour. « Tout le malheur des hommes vient de ce qu'ils ne prennent pas un langage simple », dira Camus en guise de commentaire à Louis Guilloux, en 1945. Coupable d'avoir inutilement compliqué la situation, Jan, la victime, serait donc autant que sa meurtrière responsable du destin qui le frappe… On reste aussi perplexe devant l'invective lancée par Martha aux hommes de son froid pays : « Un souffle plus puissant les fanerait, ils ont le printemps qu'ils méritent. » Comme ont ce qu'ils méritent les courtisans piétinés par Caligula. Le bonheur n'est décidément pas dévolu à n'importe qui : il faut savoir se hausser ou déménager pour l'atteindre.

Le dernier déménagement de Camus ne doit rien à l'esprit d'aventure : il occupe désormais un studio attenant à l'appartement de Gide, dans le VIIe arrondissement, au 1bis rue Vaneau.

Après *Le Malentendu*, la jeune actrice Maria Casarès (1922–1996). s'illustra à l'écran, notamment dans *Les Enfants du paradis* (1945) de Marcel Carné, et *Le Testament d'Orphée* (1960), de Cocteau. Mais elle se consacre surtout au théâtre, aux côtés de Camus, toujours, dans *L'État de siège* et dans *Les Justes,* mais aussi au TNP aux côtés de Jean Vilar. Camus et Maria Casarès resteront proches jusqu'à la fin : « À bientôt, ma superbe. Je suis si content de te revoir que je ris en t'écrivant », lui écrira Camus, cinq jours avant de mourir.

Combats pour la vérité

Les semaines suivantes comptent parmi les pires de l'Occupation. Les Allemands renforçant leur surveillance policière, Camus quitte Paris durant quelques jours. Quand *Combat* paraît enfin librement, il intitule « La nuit de la vérité » l'éditorial qui salue la libération de la capitale (25 août 1944). « Nous sommes décidés à supprimer la politique pour la remplacer par la morale. C'est ce que nous appelons une révolution », écrit-il le 4 septembre. La devise du journal est en effet : « De la Résistance à la Révolution ». Mais tous, à gauche, n'entendent pas la « révolution » dans le même sens. Le 15 octobre, Camus entame une polémique avec François Mauriac sur l'épuration, qu'il juge nécessaire au nom de la justice, tandis que Mauriac prêche la charité. Il n'empêche : hostile par principe à la peine capitale, Camus s'associe à une pétition demandant au général de Gaulle, chef du gouvernement provisoire de la République, la grâce de l'écrivain et journaliste Robert Brasillach, condamné à mort le 16 janvier 1945 pour collaboration et appel à la délation des Juifs. Le recours sera rejeté, et Brasillach fusillé le 6 février.

Le 18 avril 1945, Camus se rend en Algérie pour y mener une enquête. Il est de retour en France le 8 mai, jour de l'armistice. Éclatent alors, dans le département de Constantine, des émeutes nationalistes qui font une centaine de morts parmi les Européens, des milliers chez les victimes de la répression. Les causes en sont lisibles dans les articles que Camus a donnés en juin 1939 à *Alger républicain* (« Misère de la Kabylie »). Est venue s'y ajouter l'humiliation du colonisateur vaincu en 1940, qui peut

« Mauriac vient de publier sur le "mépris de la charité", un article que je ne trouve ni juste ni charitable. Pour la première fois, il a pris, dans les questions qui nous séparent, un ton sur lequel je ne veux pas insister, et que moi, du moins, je ne prendrai pas. » Ainsi commence l'éditorial de « Justice et charité » que Camus publie dans *Combat* le 11 janvier 1945 (ci-dessous). Dès mai 1944, à propos de Pierre Pucheu (membre du gouvernement de Vichy, fusillé par les autorités gaullistes le 20 mars 1944), il s'était déclaré « sans haine et sans compassion ».

Justice et Charité

En vérité, je ne crois pas qu'il le fera; c'est une responsabilité qu'il ne prendra pas. M. Mauriac, qui a écrit que notre République saurait être dure, médite d'écrire bientôt un mot qu'il n'a pas encore prononcé et qui est celui de pardon. Je voudrais seulement lui dire que je vois deux chemins de mort pour notre pays (et il y a des façons de survivre qui ne valent pas mieux que la mort). Ces deux chemins sont ceux de la haine et du pardon. Ils me paraissent aussi désastreux l'un que l'autre. Je n'ai aucun goût pour la haine. La seule idée d'avoir des ennemis me paraît la chose la plus lassante du monde, et il nous a fallu, mes camarades et moi, le plus grand effort pour supporter d'en avoir. Mais le pardon ne me paraît pas plus heureux et pour aujourd'hui, il aurait des airs d'injure. Dans tous les cas, ma conviction est qu'il ne nous appartient pas. Si j'ai l'horreur des condamnations, cela ne regarde [...] moi. Je pardonnerai ouver- [...] M. Mauriac quand [...] Velin, quand la [...]ud m'auront dit [...] Mais pas avant, [...]ur ne pas trahir, [...] effusion du cœur, [...]oujours aimé et res- [...] ce monde, qui fait la [...]es hommes et qui est [...]

[...]est peut-être dur à enten- [...] voudrais seulement que [...]riac sentît que cela n'est

pas moins dur à dire. J'[...] nettement que Béraud ne [...] pas la mort, mais j'avoue [...] pas d'imagination pour [...] que selon M. Mauriac, [...] damnés de la trahison port[...] chevilles. Il nous a fall[...] d'imagination, justement, [...] dant quatre ans, pour des [...] de Français qui avaient l'[...] pour eux et que des jour[...] dont on veut faire des [...] désignaient tous les jours [...] les supplices. En tant qu'[...] j'admirerai peut-être M. [...] de savoir aimer des traîtr[...] en tant que citoyen, je le[...] rerai, parce que cet amo[...] amènera justement une na[...] traîtres et de médiocres [...] société dont nous ne voulo[...]

Pour finir, M. Mauri[...] jette le Christ à la face. [...] drais seulement lui dire c[...] la gravité qui convient : [...] avoir une juste idée de [...] deur du christianisme, ma[...] sommes quelques-uns d[...] monde persécuté à avoir [...] timent que si le Christ e[...] pour certains, il n'est pa[...] pour nous. Et dans le mêm[...] nous nous refusons à dé[...] de l'homme. Sans avoir l'a[...] déraisonnable de le sauve[...] tenons au moins à le se[...] nous consentons à nous p[...] Dieu et de l'espérance, [...] nous passons pas si aisém[...] l'homme. Sur ce point, [...] bien dire à M. Mauriac q[...] ne nous découragerons pas [...] nous refuserons jusqu'au [...] moment une charité div[...] frustrerait les hommes de [...]tice.

Albert CAM[...]

moins que jamais prôner l'alliance de la force et de la justice. Le sentiment nationaliste, sans doute minoritaire en 1945, progressera silencieusement jusqu'à l'insurrection de novembre 1954 ; huit années de guerre lui donneront ensuite sa forme et sa légitimité. « C'est la justice qui sauvera l'Algérie de la haine », écrit Camus en conclusion d'une série de huit articles publiés dans *Combat* du 13 au 23 mai 1945. L'acte de foi est de surface ; le ton, celui d'un constat lourd de craintes. Il sait que des « Arabes » toujours plus nombreux ne veulent plus jouir des mêmes droits que leurs colonisateurs, comme avant la guerre, mais des leurs.

Peu de journaux mesurent le degré d'horreur que représentent, en août 1945, les explosions atomiques d'Hiroshima et de Nagasaki ; domine, chez certains, le soulagement que la guerre soit vraiment terminée. Camus, lui, analyse avec lucidité, dans un éditorial de *Combat* du 8 août (surlendemain d'Hiroshima), « les terrifiantes perspectives qui s'ouvrent à l'humanité ».

Combat est un des rares journaux français à ne pas soutenir la répression qui suit les massacres de Guelma, Kherrata et Sétif. « L'Algérie est à conquérir une seconde fois », écrit Camus huit jours avant la cérémonie officielle de reddition des tribus dans le Constantinois, le 22 mai 1945 (ci-dessus). « Cette deuxième conquête sera moins facile que la première. En Afrique du Nord comme en France, nous avons à inventer de nouvelles méthodes si nous voulons que l'avenir ait encore un sens pour nous. » Une reconquête à l'opposé de cette soumission d'indigènes humiliés par nos officiers.

EDITION DE 5 HEURES
COMBAT
DE LA RÉSISTANCE A LA RÉVOLUTION

Le 21 août 1944, *Combat* sort enfin au grand jour après quatre années de clandestinité. Camus en devient le rédacteur en chef. Très vite, il définit les fondements d'un journalisme pur et intransigeant en annonçant quelques jours après la Libération : « Informer bien au lieu d'informer vite, préciser le sens de chaque nouvelle par un commentaire approprié, instaurer un journalisme critique et en toute chose, ne pas admettre que la politique l'emporte sur la morale, ni que celle-ci tombe dans le moralisme. » Pendant plusieurs mois, Camus donne presque quotidiennement un éditorial dans lequel il formule des principes de morale politique et préconise une sorte de neutralité dans le climat de guerre froide qui s'instaure. Malgré la devise du journal, « De la Résistance à la Révolution », Camus clame haut et fort : « Nous ne croyons pas ici aux révolutions définitives. » Page de gauche, en haut, à *Combat* en septembre 1944 avec Jacques Baumel et Malraux, alias le « colonel Berger », dont le journal publiera des textes ; page de gauche en bas, avec l'équipe du journal. En haut à droite, dans son bureau et en bas, avec Pierre Galindo et Paul Bodin.

L'après-guerre

Francine l'avait rejoint rue Vaneau, à la fin de l'année 1944; le 5 septembre 1945 naissent leurs jumeaux, Catherine et Jean. Trois semaines plus tard, *Caligula* est enfin créé au Théâtre Hébertot, dans une mise en scène de Paul Œttly. Le succès de la pièce laisse Camus amer: « Trente articles. La raison des louanges est aussi mauvaise que celle des critiques. À peine une ou deux voix authentiques ou émues. » Parmi les bonnes raisons: la découverte du jeune acteur qui interprète le rôle-titre, Gérard Philipe. Le 15 novembre, une interview aux *Nouvelles littéraires* permet à Camus de dissiper (croit-il) un malentendu tenace: « Non, je ne suis pas existentialiste. Sartre et moi nous étonnons toujours de voir nos deux noms associés [...]. Sartre est existentialiste, et le seul livre d'idées que j'ai publié: *Le Mythe de Sisyphe*, était dirigé contre les existentialistes. » Le texte de l'interview affirme plus qu'il ne démontre. Admettons que, aux yeux de Camus, préexistent des valeurs humaines, que Sartre donne mission à l'individu de toujours inventer.

Le 26 septembre 1945, *Caligula*, la pièce que Camus avait rêvé de monter à Alger, triomphe sur la scène parisienne du Théâtre Hébertot. Le décor est de Louis Miquel et les costumes de Marie Viton, qui dessina aussi l'affiche (ci-dessous, à gauche), tous deux d'anciens collaborateurs du Théâtre de l'Équipe. Cette pièce, qui connut un succès immédiat, figure également parmi les succès les plus durables de Camus. Ci-dessous, la scène des poètes dans l'acte III, scène 1, le jour de la création. Assis, Gérard Philipe avec, à sa gauche, Margo Lion, interprète du rôle de Caesonia.

Le 10 mars 1946, il embarque pour les États-Unis, où il va prononcer une série de conférences. On le trouve, à New York, peu touché par cette « île couverte de ses monstres de pierre », même si, « quand on regarde du haut du Riverside, le Highway, le long de l'Hudson, la file ininterrompue des autos au roulement doux et bien huilé laisse monter un chant grave et lointain qui est exactement le bruit des vagues ». Inlassablement, Camus recherche la mer, ou ce qui y ressemble. « J'ai grandi dans la mer et la pauvreté m'a été fastueuse, puis j'ai perdu la mer, tous les luxes m'ont paru gris, la misère intolérable » *(L'Été)*. De New York, il retiendra d'abord le ciel et la pluie, abondante, visqueuse et compacte : « La pluie de New York est une pluie d'exil » (« Pluies d'été »). Les paysages du Québec, où se poursuit sa tournée, répondent mieux à son cœur : « Pour la première fois dans ce continent l'impression

Camus avec ses deux jumeaux, Jean et Catherine, à la fin de 1945. « Les deux comiques », « Bidasse et Mandarine », « mes deux costauds » (lettre à son instituteur Louis Germain). Il ne réussira pas à faire de son fils un footballeur. Et la santé de Catherine le tourmentera souvent. À neuf ans, elle ne peut s'endormir parce qu'elle a peur de mourir. « Que cette angoisse torture déjà ces petits êtres n'est-ce pas vraiment le scandale dernier ? »

réelle de la beauté et de la vraie grandeur. » Aux États-Unis, il va laisser Patricia Blake, une étudiante de vingt ans qu'il n'oubliera plus. « New York, pour moi, c'est toi, depuis treize ans », lui écrira-t-il moins d'un mois avant de mourir.

La Peste est achevé en août. En novembre, Camus se lie avec René Char d'une amitié qui ne connaîtra pas d'ombrage, et il donne à *Combat* une nouvelle série d'articles, « Ni victimes ni bourreaux ». L'esprit de révolte et son rapport à l'absurde, il l'analyse, ce même mois, en esquissant ce qui deviendra le premier chapitre de *L'Homme révolté*. Le 1er décembre, s'adressant aux dominicains de La Tour-Maubourg, il définit ce que le monde attend des chrétiens : si le christianisme « s'obstine à se laisser arracher définitivement la vertu de révolte et d'indignation qui lui a appartenu », « les chrétiens vivront et le christianisme mourra ». Quand le texte de sa conférence sera édité dans *Actuelles* (1950), il y ajoutera cet aveu à propos de la polémique qui l'avait opposé à Mauriac sur l'épuration : « M. François Mauriac avait raison contre moi. » Avant la fin de l'année, Francine et Albert Camus et leurs enfants

Camus embarque pour New York au Havre, en mars 1946, à bord de l'*Oregon*. Son séjour en Amérique du Nord durera environ trois mois. « Quand nous arrivons devant l'*Oregon* je m'aperçois que c'est un cargo, un grand cargo, mais un cargo » (*Journaux de voyage*). La traversée de l'Atlantique est agitée, les compagnons de voyage peu intéressants. Jusqu'à cette éclaircie inespérée : « Lundi. Magnifique journée. Le vent est tombé. Pour la première fois, la mer est calme. Les passagers remontent sur le pont comme des champignons après la pluie. On respire d'aise. » Ci-dessus, Camus (au centre) s'amusant sur le pont.

ont, après plusieurs logements de passage, trouvé un domicile, au 18, rue Séguier, dans le VIe arrondissement.

Camus est un des rares journalistes français à protester, dans *Combat*, contre la répression des émeutes qui ont éclaté, fin mars 1947, à Madagascar. L'atmosphère a changé, au journal. Camus y a pris à la direction le relais de Pascal Pia, avant que les deux hommes se brouillent à jamais. Dès cette époque, Pia évolue vers le gaullisme. Il collaborera ensuite à *Carrefour*, hebdomadaire proche de l'extrême droite, et, quand Camus recevra le prix Nobel, il grossira par ses sarcasmes la meute de ceux qui se déchaîneront contre l'écrivain. Dans un éditorial du 22 avril 1947, Camus prévient

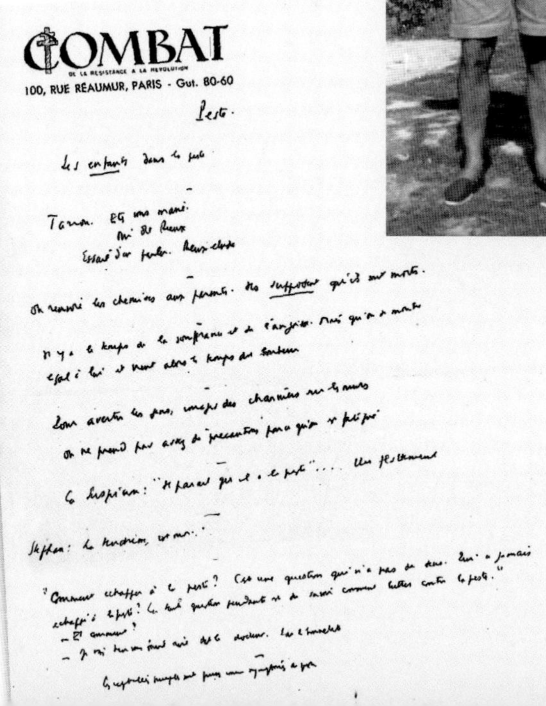
COMBAT
DE LA RÉSISTANCE À LA RÉVOLUTION
100, RUE RÉAUMUR, PARIS - Gut. 80-60

Peste.

Les enfants dans la peste

En 1946, Camus dirige sa propre collection chez Gallimard, qui a pour nom *Espoir*. Il y publie Simone Weil, Brice Parain et René Char. « C'est le plus grand poète vivant de notre temps et *Fureur et Mystère* ce que la poésie française nous a donné de plus surprenant depuis *Les Illuminations* et *Alcools*. » Char sera aussi un de ses amis les plus sûrs. Camus lui rend plusieurs fois visite à L'Isle-sur-la-Sorgue (ci-dessus) avant de chercher une maison dans le voisinage. Ce sera Lourmarin, en 1958. Ci-contre, notes pour *La Peste*.

que *Combat* ne saurait être l'organe d'un parti, fût-il celui du général de Gaulle. Le 3 juin, un billet adressé « À nos lecteurs » annonce son retrait du journal ; Claude Bourdet en assure désormais la direction.

« La Peste »

Premier grand succès de librairie de Camus, *La Peste*, publié en juin 1947, obtient aussitôt le prix des Critiques. Sa genèse a été longue. Lecture d'œuvres de fiction, d'archives historiques, d'un traité sur *La Défense de l'Europe contre la peste* publié en 1897 par le professeur Adrien Proust (le père de Marcel) : jamais Camus ne s'est à ce point documenté pour composer un ouvrage. « Les curieux événements qui font le sujet de cette chronique se sont produits en 194., à Oran. » La première phrase donne le ton, distancié, du récit. Le lecteur découvrira à la fin que la chronique est tenue par le docteur Rieux, principal acteur de l'histoire. Se désignant à la troisième personne,

Le premier état de *La Peste* est achevé en janvier 1943 (ci-dessous, une page du premier manuscrit). « Ce qui me semble caractériser le mieux cette époque, c'est la séparation. Tous furent séparés du reste du monde, de ceux qu'ils aimaient ou de leurs habitudes », note-t-il, vers cette époque, dans ses *Carnets*. Il tâtonne, pendant des années, sur ce que doit être le thème dominant de l'intrigue.

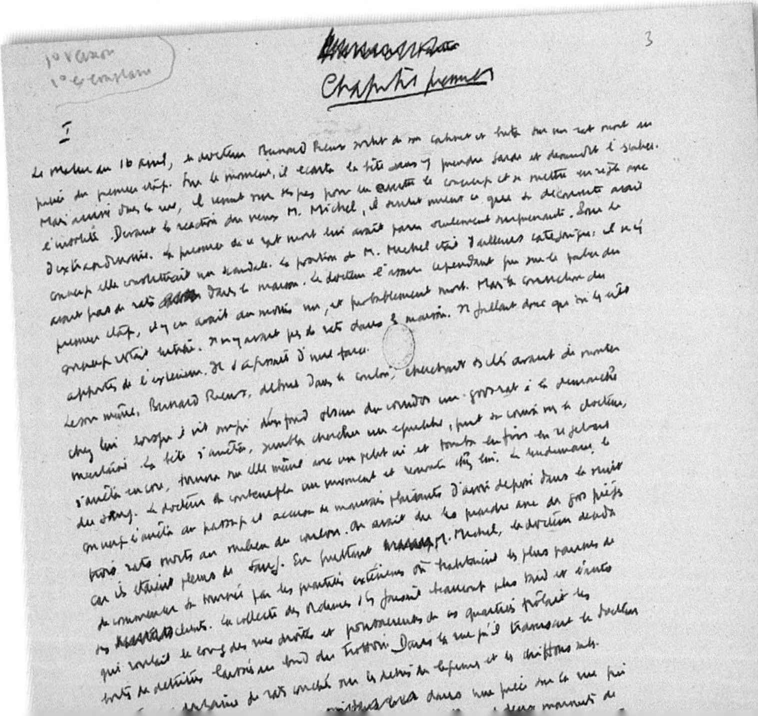
3

Chapitre premier

I

Rieux, par le seul exposé des événements, s'autoglorifie en héros. Ce procédé romanesque contribuera à ciseler de Camus l'image d'une conscience satisfaite d'elle-même. Le thème de la séparation, apparu dans les projets de 1942, n'a pas été effacé : la mise en quarantaine des Oranais prive Rieux de la présence de son épouse. Ville bâtie dos à la mer, Oran convenait à cette fable de l'enfermement, que les lecteurs lurent aussitôt comme une transposition de l'occupation allemande. Collaborateurs par intérêt ou par lâcheté, esprits égoïstes convertis sur le tard à la solidarité, belles âmes saluant dans le fléau une punition du Ciel, résistants sacrifiant leur vie pour sauver leurs semblables : c'est un miroir de ces temps difficiles que présente *La Peste*. Deux figures émergent du combat : Tarrou, incroyant qui s'interroge sur la possibilité d'être un saint sans Dieu, et Rieux, dont l'ambition, plus difficile, se limite à accomplir son devoir d'homme. Le dénouement du roman est ambigu : faut-il se réjouir que la peste s'éloigne enfin, ou rester conscient que, tôt ou tard, le bacille reviendra ? Qu'il se présente sous son espèce humaine (le totalitarisme) ou sous sa forme transcendante (le Destin qui écrase Prométhée ou Sisyphe), l'absurde appelle la révolte. On voudrait croire la révolte des résistants promise à un meilleur succès que celle de l'individu écrasé par les dieux. La fable de *La Peste* suggère pourtant que la lutte contre les forces du mal préserve la dignité humaine plutôt qu'elle ne prépare un avenir radieux. Au pessimisme politique du dénouement fait (fragilement) équilibre un optimisme fondé sur les infinies capacités de l'homme à se révolter.

De juillet à septembre 1947 sont vendus 52 000 exemplaires de *La Peste*. « Tristesse du succès », écrit Camus dans ses *Carnets* après avoir obtenu le prix des Critiques. Les articles de presse le rendent perplexe : « Je suis enterré sous les fleurs, ça me donne des doutes ou plutôt ça les renforce. » Ses ennemis l'accusent de pratiquer une « morale de Croix-Rouge ». Ci-dessus, l'enterrement des corps illustré par Edy-Legrand pour une édition de *La Peste* paru chez A. Sauret en 1962.

Au cœur du sentiment de l'absurde : la nécessité de la révolte. Elle seule donne sa dignité à l'homme et légitime la création artistique. Fruit d'une longue réflexion, *L'Homme révolté* est accueilli comme un pamphlet politique. Camus y dénonce en effet la terreur mise en place par les régimes révolutionnaires, en clair : les camps soviétiques. Camus et Sartre, les deux amis chahuteurs de Saint-Germain-des-Prés, se brouillent à jamais et deviennent deux pôles de la pensée française.

CHAPITRE 4

« JE ME RÉVOLTE, DONC NOUS SOMMES »

Quand paraît *L'Homme révolté*, Maurice Nadeau, qui a collaboré avec Camus à *Combat*, publie dans ce même journal un article (ci-contre) dans lequel il qualifie l'ouvrage de courageux, mais estime que cette « insurrection contre l'Histoire » sonne plus comme une démission que comme un appel à une marche en avant.

ALBERT CAMUS et la révolte

LES LIVRES, par Maurice NADEAU

JE ne sais s'il existe en art une loi de l'offre et de la demande et si les artistes « fournissent » inconsciemment aux besoins du public, mais il est sûr que l'essai d'Albert Camus sur la Révolte (1), depuis longtemps annoncé, comble *une* attente et un *désir*. En ce sens, *c'est* un livre dont le retentissement va être immense. Plus que la prise de conscience d'une époque par un esprit lucide et courageux, on ne tardera pas à y voir une réflexion de l'époque sur elle-même, l'annonce d'un tournant à partir duquel certains problèmes vont se poser différemment. Ramassant dans un même corps de pensées, en des formules brillantes et bien frappées, toutes sortes d'intuitions, de propositions et de prises de *position* qu'on a *pu voir*, depuis quelques années, exprimées çà et là, « L'Homme révolté » est comme l'abrégé des principes d'un nouvel humanisme qui avait du mal à se faire jour et cherchait obscurément son héraut. Albert Camus annonce la fin de l'aven- […] au nombre des victimes, il importe de savoir quelle conduite tenir dans un monde livré aux « bourreaux philosophes ». Partant de cette même motion d'absurde qui, dans « Le Mythe *de* Sisyphe », *lui avait* fait rejeter *le* suicide et admettre la vie « comme seul bien nécessaire », il y découvre une « évidence » : la révolte. Si je ne crois à rien, dit-il, et si je crie que tout est absurde, je ne peux au moins douter de la réalité de mon cri, du bien-fondé de ma protestation contre « le spectacle de la déraison » et le scandale d'une « condition injuste et incompréhensible ». A la manière de Descartes passant du doute méthodique au cogito, Camus *passe* de l'absurde *à la* révolte : « je me révolte, donc je suis », ou plutôt : « donc, nous sommes ».

Qu'est-ce, en effet, que la révolte ? Un refus, sans doute : celui de la condition qui nous est faite, mais également une affirmation : celle de l'existence en nous d'une volonté de dépasser cette condition. L'homme révolté […]

Albert Camus vu par J. Zeitoun

[…] ne faut-il pas de celui-ci assumer tous les crimes ?

Les partisans de l'affirmation absolue ne valent pas mieux, sur le point qui intéresse Camus, que les négateurs enragés. Le promoteur de « l'Unique », Stirner, justifie tout ce dont l'Unique est capable, y compris l'acte de tuer. Nietzsche, dont l'enseignement a […]

La guerre froide sollicite les intellectuels. Le nom de Camus côtoie en novembre 1947 ceux de Sartre, Bourdet, Merleau-Ponty dans un manifeste lancé par la revue *Esprit* (dirigée par Emmanuel Mounier) pour appeler à l'indépendance de la France à l'égard des deux grandes puissances. À la différence de Sartre, Camus n'adhère pas au Rassemblement démocratique révolutionnaire, créé en février 1948 par David Rousset et Georges Altman, et soutenu par *Franc-Tireur* et par *Combat*, mais pendant près d'un an il partagera ses positions. En avril, il polémique avec Emmanuel d'Astier de La Vigerie (directeur de *Libération*, proche des communistes), qui avait ironisé sur ses positions « morales » et sur la vanité de la recherche d'une « troisième voie ».

L'été suivant, il rejoint sa famille à L'Isle-sur-la-Sorgue, où habite René Char, avec le projet d'y acheter une maison. C'est à Char qu'il dédie « L'Exil d'Hélène », publié dans les *Cahiers du Sud* avant d'être recueilli dans *L'Été* : les Européens ont exilé de leur cœur, de leur âme et de leurs paysages la Beauté qu'avaient cultivée les Grecs.

En mars 1948, Camus retrouve le romancier Louis Guilloux, auteur de *La Maison du peuple* (1927) et du *Sang noir* (1935), à Sidi-Madani, à une cinquantaine de kilomètres au sud d'Alger, où un Centre des mouvements de jeunesse et d'éducation populaire d'Algérie accueillait des peintres et des écrivains. Tous deux partagent les souvenirs d'une enfance pauvre et une haine de la vie parisienne. En janvier, Camus a écrit un texte qui servira de préface à la réédition de *La Maison du peuple* en 1953. Il y évoque un de leurs entretiens. « Un jour où nous parlions de la justice et de la condamnation : "La seule clé, me disait-il, c'est la douleur. C'est par elle que le plus affreux des criminels garde un rapport avec l'humain." »

« L'État de siège »

« Comme la peste, le théâtre est [...] un formidable appel de forces qui ramènent l'esprit par l'exemple à la source de ses conflits. » Cette réflexion d'Artaud a donné à Jean-Louis Barrault l'idée d'adapter le *Journal de l'année de la peste*, de Daniel Defoe ; quand Camus a publié son roman, il a sollicité sa collaboration.

Le 27 octobre 1948, *L'État de siège*, « spectacle », est créé au Théâtre Marigny, dans une mise en scène de Jean-Louis Barrault, avec Pierre Bertin, Madeleine Renaud, Maria Casarès et Pierre Brasseur. L'échec est total. Tiraillé entre l'inspiration de Barrault, proche

d'Artaud, et celle de Camus, qui se recommande plutôt d'Aristophane, le « spectacle » ne trouve pas sa vérité théâtrale. À la Peste (incarnée par un homme) et à sa Secrétaire (la Mort), Victoria et Diego opposent leur courage et leur amour. Les symboles qui évoquaient l'Occupation dans le roman se sont alourdis et les héros qui affrontent le mal font admirer, plus que jamais, leur panache plutôt que leur efficacité. La critique regretta que les « ors et velours » du Théâtre Marigny fussent mal accordés au souffle sauvage qu'impriment à la pièce la mer toute proche, le vent libérateur et la comète surgie dans le ciel. « J'aimerais voir *L'État de siège* en plein air », confiera Camus en 1957. Mais les caprices du ciel, du mistral ou des vagues se seraient-ils prêtés aux besoins du spectacle ? L'échec de *L'État de siège* va détourner Camus de la création théâtrale. S'il donne *Les Justes* l'année suivante, c'est sans doute que le projet en était trop fermement conçu pour qu'il l'annulât. Il reviendra à la scène par le biais des adaptations, exercice aussi exigeant, mais d'une autre nature.

On s'amuse au cours des répétitions de *L'État de siège*. Les co-auteurs, Jean-Louis Barrault et Camus, entourent ici Arthur Honegger, qui assura la musique de scène de la pièce. Au second rang, Madeleine Renaud et Maria Casarès. Au fond, à gauche, Pierre Brasseur et, à côté de lui, le peintre Balthus, responsable du décor et des costumes. Une belle pléiade d'artistes ! Mais, selon l'expression de Barrault (*Nouvelles réflexions sur le théâtre*), la mayonnaise ne prendra pas.

« **Une époque intéressante** »

« Un sage oriental demandait toujours, dans ses prières, que la divinité voulût bien lui épargner de vivre une époque intéressante » (conférence d'Upsala, 14 décembre 1957). Jamais la divinité n'a épargné

Devant la baie de Rio. « Nous sommes au milieu de la rade et les montagnes font autour de nous un cercle parfait. Enfin, une lumière plus sanguine annonce le lever du soleil, qui surgit derrière les montagnes de l'est, face à la ville, et commence à monter dans un ciel pâle et frais. La richesse et la somptuosité des couleurs qui jouent alors sur la baie, les montagnes et le ciel, font taire tout le monde, une fois de plus. Une minute après, les couleurs semblent les mêmes, mais c'est la carte postale. La nature a horreur des trop longs miracles » (*Journaux de voyage*).

Camus. À la fin de l'année 1948, il prend la défense de l'Américain Garry Davis, Don Quichotte pacifiste qui a choisi de se faire « citoyen du monde » ; dans *Franc-Tireur* (7 décembre 1948), il se bat contre les « idéologies conquérantes » ; puis il lance, en mars 1949, un appel en faveur de communistes grecs condamnés à mort.
À cette activité militante, un voyage en Amérique du Sud pourrait offrir une pause bienfaisante.
Le 30 juin, il s'embarque à Marseille pour une tournée de conférences au Brésil, en Argentine, en Uruguay et au Chili. Le 26 juillet, il assiste à Rio de Janeiro à la représentation d'un acte de *Caligula* (« Bizarre de voir ces Romains noirs »). Les routes cahotantes, les retards des avions rendent le séjour épuisant. À son retour (30 août), les médecins constatent que sa tuberculose a progressé et lui ordonnent un repos de deux mois, qu'il passe au Panelier.

« Les Justes »

Camus est encore souffrant quand il assiste, le 15 décembre 1949, à la création des *Justes* au Théâtre Hébertot, dans une mise en scène de Paul Oettly, avec Maria Casarès et Serge Reggiani. La pièce, inspirée d'un attentat à la bombe perpétré en février 1905 contre le grand-duc Serge (oncle du tsar), illustre une réflexion sur la fin et les moyens que développera *L'Homme révolté*. Les deux héros, les terroristes Dora et Kaliayev, placent au-dessus de leur idéal révolutionnaire l'amour et le désir d'innocence ; ils s'opposent ainsi à Stepan (interprété par Michel Bouquet), qui juge que « c'est tuer pour rien, parfois, que de ne pas tuer assez ». « Nous sommes des meurtriers et nous avons choisi de l'être », dit encore Stepan. « Non. J'ai choisi de mourir pour que le meurtre ne triomphe pas. J'ai choisi d'être innocent », lui répond Kaliayev, qui croit que son meurtre sera racheté par le sacrifice de sa propre vie, raisonnement « faux, mais respectable », selon Camus (*Carnets*). « La forme de cette pièce ne doit pas tromper le lecteur », expliquera-t-il. « J'ai essayé d'y obtenir une tension dramatique par les moyens classiques, c'est-à-dire l'affrontement de personnages égaux en force et en raison. Mais il serait faux d'en conclure que tout s'équilibre et qu'à l'égard du problème qui est posé ici, je recommande l'inaction. Mon admiration pour mes héros, Kaliayev et Dora, est entière. » En somme, s'il ne défend pas une « thèse », le public ne doit pas se tromper sur ses préférences.

En juillet 1950 sont édités, dans un volume intitulé *Actuelles*, ses articles parus de 1944 à 1948. Ce même mois commence la guerre de Corée, qui, en exaspérant la guerre froide, va attiser les querelles politiques. Camus y sera mêlé plus qu'à son gré.

Le 3 décembre 1948, Camus est aux côtés de Garry Davis, salle Pleyel (ci-dessous). Le 19 novembre, Davis s'était adressé à l'Assemblée générale de l'ONU « au nom des peuples du monde qui ne sont pas représentés ici ». « J'en appelle à vous pour que vous cessiez de nous entretenir dans l'illusion de votre autorité politique. J'en appelle à vous pour que vous convoquiez immédiatement une Assemblée constituante mondiale qui lèvera le drapeau autour duquel les hommes peuvent se rassembler : le drapeau de la souveraineté d'un seul gouvernement pour un seul monde. »

Les deux dernières créations originales de Camus au théâtre sont inspirées par des questions brûlantes de l'époque, le totalitarisme et le terrorisme. Malgré sa prestigieuse distribution *L'État de siège* est retiré de l'affiche du Théâtre Marigny après vingt-trois représentations (page de gauche, Jean-Louis Barrault et Maria Casarès et ci-contre, Charles Mahieu et Madeleine Renaud). « C'est un four », avoue Camus à Jean Grenier. L'année suivante, en 1949, c'est la création des *Justes* au Théâtre Hébertot (ci-contre, en bas, et de gauche à droite, Jean Pommier, Serge Reggiani [assis], Maria Casarès, Yves Brainville et Michel Bouquet). « La justice d'aujourd'hui sert d'alibi aux assassins de toute justice », écrit Camus dans sa présentation de la pièce.

Quand il avait adhéré au Parti communiste, quinze ans plus tôt, il définissait son art comme un moyen ; aujourd'hui, il note dans ses *Carnets* : « J'ai la plus haute idée, et la plus passionnée, de l'art. Bien trop haute pour consentir à le soumettre à rien. » Il accepte que l'artiste soit « embarqué » (selon le mot de Pascal), c'est-à-dire solidaire de la condition humaine, mais refuse l'étiquette d'écrivain engagé.

Le succès de *La Peste* l'a mis à l'abri des soucis financiers ; en décembre 1950, il s'installe – enfin – avec sa famille dans un appartement qu'il a acheté, au 29, rue Madame, dans le VIe arrondissement. Romancier à succès, chroniqueur estimé, il est définitivement passé à côté de sa plus haute ambition : illustrer à la scène le tragique de son époque.

« L'Homme révolté »

Le 12 juillet 1951, il envoie un exemplaire dactylographié de *L'Homme révolté* à René Char. Un fragment en est publié en août dans *Les Temps modernes* (« Nietzsche et le nihilisme »), un second en octobre dans les *Cahiers du Sud* (sur Lautréamont). Aux yeux de Camus, la révolte romantique de Lautréamont, en s'attaquant aux limites mêmes de la création, prépare le conformisme et l'asservissement où s'est enfoncée notre époque. Une réplique cinglante d'André Breton paraît dans *Arts* dès le 12 octobre, à laquelle Camus répond, dans le même journal (19 octobre et 18 novembre), appelant de ses vœux une révolte jaillissante, différente de celle qu'« André Breton a coulée dans le bronze pour nous en présenter l'image convulsée, mais immobile ». La polémique autour de *L'Homme révolté* est lancée. Il n'est pas indifférent qu'elle touche en priorité à une conception de la poésie. Camus déplorera ensuite que le débat se circonscrive aux aspects philosophiques et politiques d'un ouvrage qui traitait amplement de questions d'esthétique. Mais l'esthétique engage chez lui, comme chez les surréalistes, une manière d'être

André Breton (ci-dessous en 1950) le fondateur du surréalisme, dont Camus refuse les principes : fuyant le réel, les surréalistes ne peuvent, à ses yeux, adhérer à la révolte. Breton a un vrai mérite : « Dans la chiennerie de son temps, et ceci ne peut s'oublier, il est le seul à avoir parlé profondément de l'amour. » Mais Camus lui reproche d'avoir écrit que « l'acte surréaliste le plus simple consistait à descendre dans la rue, revolver au poing, et à tirer au hasard dans la rue ». Du moins la « nuit splendide » où Breton se complaît est-elle une possible annonce des « matinaux » de René Char, « poète de notre renaissance » (*L'Homme révolté*). L'orgueil de Breton ne pouvait se contenter d'un compliment aussi relatif.

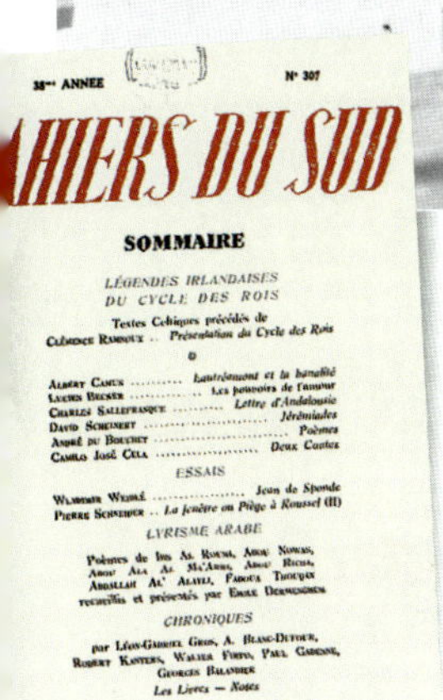

38me ANNEE N° 307

CAHIERS DU SUD

SOMMAIRE

LÉGENDES IRLANDAISES DU CYCLE DES ROIS

Textes Celtiques précédés de
CLÉMENCE RAMNOUX .. *Présentation du Cycle des Rois*

ALBERT CAMUS .... *Lautréamont et la banalité*
LUCIEN BECKER .... *Les pouvoirs de l'amour*
CHARLES SALLEFRANQUE .... *Lettre d'Andalousie*
DAVID SCHEINERT .... *Jérémiades*
ANDRÉ DU BOUCHET .... *Poèmes*
CAMILO JOSÉ CELA .... *Deux Contes*

ESSAIS

WLADIMIR WEIDLÉ .... *Jean de Sponde*
PIERRE SCHNEIDER .. *La fenêtre ou Piège à Roussel (II)*

LYRISME ARABE

Poèmes de Ibn Al Roumi, Abou Nowas, Abou Ala Al Ma'Arri, Abou Richa, Abdallah Al' Alayli, Farouk Thouqan recueillis et présentés par Emile Dermenghem

CHRONIQUES

par Léon-Gabriel Gros, A. Blanc-Dufour, Robert Kanters, Walter Firth, Paul Gadenne, Georges Balandier
Les Livres — Notes

au monde ; et *L'Homme révolté* (publié en novembre 1951) expose comment, en recourant au merveilleux, la révolte des surréalistes escamote le réel au lieu de l'affronter.

Le plus long chapitre de l'ouvrage traite de la « révolte historique ». Après y avoir examiné les aspects de la révolte depuis l'exécution de Louis XVI jusqu'aux totalitarismes modernes, Camus dénonce, dans une réflexion sur « révolte et révolution », le danger de la tentation nihiliste de la révolution. « Je me révolte, donc nous sommes », disait l'esclave. » La révolte se fonde sur la foi dans les valeurs humaines, c'est-à-dire qu'elle suppose un « oui » préalable au « non » ; la révolution, elle, « part de la négation absolue et se condamne à toutes les servitudes pour fabriquer un oui rejeté à l'extrémité des temps ». Cette dénonciation de l'histoire, au nom de laquelle on bafoue au quotidien la liberté et la dignité des hommes pour leur promettre un

Dans les Vosges, Camus travaille à *L'Homme révolté* (ci-dessus). *Les Cahiers du Sud* (n° 307, 1951) en publient un extrait intitulé « Lautréamont et la banalité » : « Le conformisme est une des tentations nihilistes de la révolte qui domine une grande partie de notre histoire intellectuelle. Elle montre en tout cas comment le révolté qui passe à l'action, s'il oublie ses origines, est tenté par le plus grand conformisme. […] Lautréamont, salué ordinairement comme le chantre de la révolte pure, annonce au contraire le goût de l'asservissement intellectuel qui s'épanouit dans notre monde. »

La querelle Sartre-Camus *ou la fin d'une imposture*

Jean-Paul Sartre (ci-dessus, dans les années 1950) prit son temps avant de donner, dans *Les Temps modernes*, un écho à *L'Homme révolté*. C'est la plume de Jeanson qui traduisit, pour finir, ses propres réticences. Camus jugea-t-il que Sartre jouait les Pilate ? Sans doute aurait-il préféré que son ancien camarade prît lui-même ses responsabilités.

hypothétique paradis, prend, en pleine guerre froide, l'allure d'un manifeste politique.

Plus spécifiquement camusien apparaît aujourd'hui le dernier chapitre, « La pensée de midi », où la « mesure » est définie non comme le signe d'une tiède modération, mais comme « une pure tension », exigeante, qui naît de la révolte et ne peut se vivre que par elle. « Midi le juste », écrivait Valéry. Après avoir gauchement tenté d'imiter les vers du « Cimetière marin », Camus retrouve, en profondeur et jusque dans ses symboles naturels, l'inspiration du poète méditerranéen. « La beauté, c'est la justice parfaite », notera-t-il en 1955 dans ses *Carnets*. La « justice » doit s'entendre ici comme un « équilibre » entre les extrêmes, donnant au cœur et à l'intelligence le sentiment de la plénitude. Toujours, chez Camus, la morale rejoint l'esthétique. Et sa culture de Méditerranéen, poussée parfois jusqu'au parti pris, lui inspire pour « Hélène », figure de la beauté grecque, une admiration indissociable de son goût pour l'exercice difficile de la démocratie.

La rupture avec Sartre

« J'attends avec patience une catastrophe lente à venir », « Je me fais de moi l'idée la plus affreuse, des jours durant » (*Carnets*, décembre 1951). Ces lignes sonnent aujourd'hui comme un pressentiment du cauchemar que sera pour lui la mise en procès, non seulement de son essai, mais de sa personne, dans sa lucidité intellectuelle et son intégrité morale. Le 22 février 1952, on le trouve une dernière fois aux côtés de Sartre, salle Wagram, pour appuyer des syndicalistes espagnols condamnés à mort par le régime franquiste. En mai paraît, dans *Les Temps modernes*, le compte rendu de *L'Homme révolté* confié par Sartre à Francis Jeanson. Il est carrément insultant pour la pensée camusienne, « un humanisme vague, juste relevé de ce qu'il faut d'anarchisme »,

À la lettre que Camus adresse aux *Temps modernes*, Sartre répond, à son tour, en dix-neuf pages. Il commence en décidant que leur amitié est désormais du passé. Le plus important est le virage pris par Sartre, en ce mois d'août 1952, en faveur des communistes.

On ne décide pas de la vérité d'une pensée selon 'elle est à droite ou à gauche et moins encore selon ce que la oite et la gauche décident d'en faire. A ce compte, Descartes rait stalinien et Péguy bénirait M. Pinay. Si, enfin, la vérité me raissait à droite, j'y serais.

incapable de passer de la révolte métaphysique à la révolte historique ; à Camus lui-même sont reprochées les sympathies qu'il s'attire (Émile Henriot, du *Monde*) autant que celles qu'il éprouve (pour le syndicalisme révolutionnaire ou la social-démocratie scandinave). « Compagnons de route » des communistes, Sartre et son équipe des *Temps modernes* les accompagnent sur la voie des procès *ad hominem*. Rien d'étonnant qu'un stalinien comme Pierre Hervé accuse Camus, dans

Pour lui, désormais, tout anticommuniste est « un chien ». Il faudra attendre la répression de la révolte de Budapest par l'armée soviétique, en novembre 1956, pour que Sartre prenne ses distances avec ses compagnons de route.

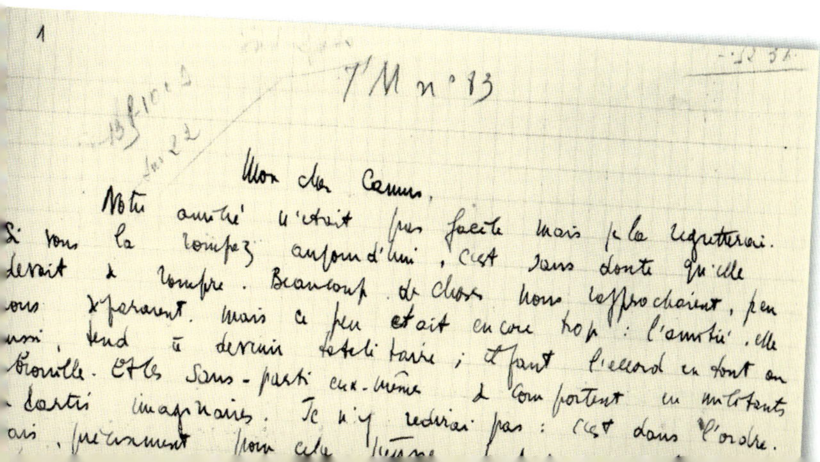
1

TM n° 83

Mon cher Camus,
Notre amitié n'était pas facile mais je la regretterai.
Si vous la rompez aujourd'hui, c'est sans doute qu'elle
devait se rompre. Beaucoup de choses nous rapprochaient, peu
nous séparaient. Mais ce peu était encore trop : l'amitié, elle
aussi, tend à devenir totalitaire ; il faut l'accord en tout ou
la brouille. Et les sans-parti eux-mêmes se comportent en militants
de partis imaginaires. Je n'y redirai pas : c'est dans l'ordre.
Mais, précisément pour cela

La Nouvelle Critique, d'être payé par les Américains et d'avoir été insensible à Hiroshima ; la surprise vient de *L'Observateur*, qui y voit une « belle étude ». Dans sa réponse attristée au journal, Camus, réitérant son admiration pour les révolutionnaires russes de 1905, marque à nouveau la limite où le meurtre doit s'arrêter.

La querelle s'aigrit encore après la lettre que Camus adresse le 30 juin 1952, non à Jeanson, mais à « Monsieur le Directeur » des *Temps modernes*, Sartre lui-même. Publiée en août, elle établit que *L'Homme révolté* « ne nie pas l'histoire », mais « critique seulement l'attitude qui vise à faire de l'histoire un absolu ». « Si la vérité me paraissait à droite, j'y serais », ose écrire Camus. À une époque où on pense volontiers que mieux vaut avoir tort avec Sartre que raison avec Raymond Aron, la formule passe pour un reniement des idéaux de gauche. Sartre répond à Camus en lui faisant la leçon, ou plutôt en le jugeant décidément trop cancre : « Je n'ose vous conseiller de vous reporter à *L'Être et le Néant*, la lecture vous en paraîtrait inutilement ardue. » La suite touche à des questions plus graves : pas plus que Camus, Sartre n'admet les camps de concentration soviétiques, mais il juge tout aussi inadmissible l'exploitation qu'en fait la presse bourgeoise. La brouille entre les deux hommes est définitive. Après la mort de Camus, Sartre donnera à *France-Observateur* un bel article, qui sonne un peu comme un remords.

Le destin et les luttes de Camus semblent liés à l'Espagne. L'origine espagnole de sa mère a aiguisé sa sensibilité aux souffrances de ceux qui avaient refusé la dictature de Franco. Sa première pièce a célébré, en 1936, la « révolte dans les Asturies », épisode tragique qui apparaîtra, bientôt comme un prélude à la guerre civile. Puis il tombera amoureux de Maria Casarès, fille d'un ministre espagnol républicain réfugié en France depuis 1939.

La « terrible époque »

« Polémique T. M. [*Temps modernes*] – Coquineries. Leur seule excuse est dans la terrible époque » (*Carnets*). La « terrible époque » ne lui laisse pas de répit. Pour protester contre l'admission de l'Espagne, à l'automne 1952, il démissionne de l'Unesco, puis

En février 1952, à l'occasion d'un appel, salle Wagram, en faveur de syndicalistes espagnols condamnés à mort par le régime franquiste, Sartre, au premier rang, écoute l'intervention de Camus (ci-contre). En novembre, dans la même salle, Camus proteste contre l'admission de l'Espagne à l'Unesco : « L'Espagne de Franco est introduite à la sauvette dans le temple bien chauffé de la culture et de l'éducation pendant que l'Espagne de Cervantès et d'Unamuno est une fois de plus jetée à la rue. [...] Dès l'instant où Franco est entré à l'Unesco, l'Unesco est sortie de la culture universelle, et c'est cela que nous devons dire. » Ci-dessus, ébauche des dernières lignes du « Renégat », nouvelle de *L'Exil et le Royaume*.

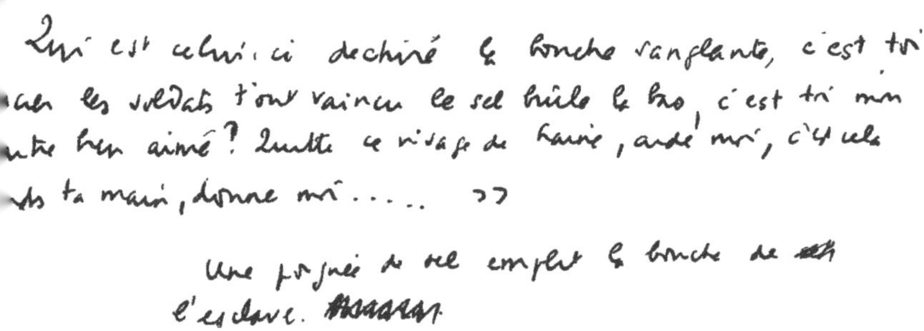
Qui est celui-ci déchiré la bouche sanglante, c'est toi
cier les soldats t'ont vaincu le sel brûle là bas, c'est toi mon
ître bien aimé ? Quitte ce visage de haine, aide-moi, c'est cela
nds ta main, donne-moi..... »

Une poignée de sel emplit la bouche de
l'esclave.

prononce à la salle Wagram, le 30 novembre, une allocution sur « L'Espagne et la culture ». Un voyage dans le Sud algérien, en fin d'année, lui fait oublier pour un temps querelles et blessures. « Redressé et pacifié », il en rapporte l'inspiration de ce qui deviendra la première nouvelle de *L'Exil et le Royaume* : « La Femme adultère ».

En juin 1953, des émeutes ouvrières éclatent à Berlin-Est : des pierres sont lancées sur des chars soviétiques dans la Leipzigerstrasse. Au dos de cette photo, Camus a écrit : « L'absurdité, ce n'est pas un fantôme. » Et, salle de la Mutualité, il déclare : « Quand un travailleur, quelque part au monde, dresse ses poings nus devant un tank et crie qu'il n'est pas un esclave, que sommes-nous donc si nous restons indifférents ? [...] C'est pourtant la démission à laquelle nous avons assisté, et c'est pourquoi, autant que l'indignation, c'est le dégoût qui nous fait parler ce soir. »

Le Festival d'art dramatique d'Angers aurait été en juin un autre havre, s'il n'avait été endeuillé par la mort, deux jours avant son ouverture, de Marcel Herrand, qui avait préparé la mise en scène de deux adaptations de Camus, *La Dévotion à la Croix*, d'après Calderón (avec Maria Casarès et Serge Reggiani), et *Les Esprits*, d'après Pierre de Larivey (avec Maria Casarès et Jean Marchat). Au lendemain de la création des *Esprits* éclatent à Berlin-Est, le 17 juin, des émeutes ouvrières, réprimées par le pouvoir communiste. Camus y réagit aussitôt dans une allocution, à la Mutualité, alors que paraissent, sous le titre *Actuelles II*, ses principaux articles de la période de 1948 à 1953.

À l'automne, tandis qu'il ébauche *Le Premier Homme* et prépare son adaptation des *Possédés* de Dostoïevski, son épouse tombe dans une grave dépression. La haine de Camus envers la « terrible époque », le tourment que lui inspire sa propre image, sa culpabilité devant la détresse d'une compagne trop souvent délaissée : au confluent de ces sentiments parfois contradictoires va naître son œuvre la plus déconcertante, *La Chute*. Quand il la composera, l'auteur de *Crime et châtiment* lui sera à la fois un frère de douleur et un maître à écrire.

Camus préférait au théâtre clos le travail en plein air parce que, selon une confidence rapportée par Morvan Lebesque, « l'important est de former des auteurs et que rien ne vaut, pour cela, la dramaturgie de Festival ». Il écrit dans ses *Carnets :* « Festival d'Angers [page de droite] terminé. Fatigue heureuse. La vie, la merveilleuse vie, son injustice, sa gloire, sa passion, ses luttes, la vie recommence encore. Force encore de tout aimer et de tout créer. »

Blessé par les bassesses de ses amis de gauche, culpabilisé par son donjuanisme impénitent, Camus abhorre l'image de « juste » qu'on lui attribue. De ces souffrances mêlées, naît *La Chute*. Quand il reçoit le prix Nobel, en 1957, la critique laisse entendre que son œuvre est derrière lui. Cet enterrement avant l'heure met un comble à son amertume. Adulé ou détesté, Camus se réfugie de plus en plus à Lourmarin. Sa mort accidentelle lui donnera tragiquement une éternité trop vite acquise.

CHAPITRE 5

« IL ME FAUT UN PEU DE SOLITUDE, LA PART D'ÉTERNITÉ »

« Nobel. Étrange sentiment d'accablement et de mélancolie. À vingt ans, pauvre et nu, j'ai connu la vraie gloire », écrit Camus dans ses *Carnets*. Une mélancolie qu'il affiche dès son retour de Suède (page de gauche, dans le train qui le ramène). « Effrayé par ce qui [lui] arrive et qu'[il] n'a pas demandé », Camus trouvera refuge dans sa maison de Lourmarin (ci-contre).

Les souffrances d'un « juste »

Plutarque raconte, dans *Vies des hommes illustres*, qu'un paysan qui ne savait ni lire ni écrire vota pour le bannissement d'Aristide. Comme on lui demandait si Aristide lui avait causé quelque déplaisir : « Nenni, répondit le paysan, et qui plus est, je ne le connais point, mais il me fâche de l'ouïr ainsi partout appeler le Juste. »

La réputation de « juste » de Camus a fâché le microcosme parisien. Après *L'Homme révolté*, on lui reproche non seulement ses erreurs de jugement et ses intentions suspectes, mais une bonne conscience que les souffrances de Francine suffisaient pourtant à détruire. Ayant rejoint précipitamment sa femme à Oran, il rentre avec elle à Paris, en janvier 1954, pour la faire soigner dans une maison de santé de Saint-Mandé. Elle a tenté de se suicider. Quand paraît *L'Été*, trois mois plus tard, Camus confie à ses amis son désarroi et son impuissance à écrire. Provisoirement séparé de ses enfants (Catherine est dans la famille Faure, à Oran, Jean à Saint-Rémy-de-Provence), il habite un petit appartement au 4, rue de Chanaleilles (VIIe arrondissement). À défaut d'inspiration, il poursuit son activité de militant, intervenant en avril auprès du président René Coty en faveur de sept Tunisiens condamnés à mort, lançant en mai un message au Comité pour l'amnistie aux condamnés politiques d'outre-mer ; puis, pendant l'été, il rédige un message en faveur d'une entente

En septembre 1954, Camus retrouve Jules Roy, Gabriel Audisio et Jeanine Montupet lors d'une vente de livres d'écrivains nord-africains à la Maison du Tourisme algérien.

Quelques jours auparavant, Jules Roy (« mon cher Julius », comme il l'appelait) a envoyé à Camus une invitation pour sa pièce, *Les Cyclones*, qui se jouera au Théâtre de la Michodière avec Pierre Fresnay et Yvonne Printemps. « Camus fut l'homme qui compta le plus dans ma vie », écrira Jules Roy en juillet 1998.

entre les « deux peuples » d'Algérie. En septembre, Francine va mieux : il se réinstalle avec elle rue Madame. Ses notes sur la « terrible époque » préparaient l'idée de *La Chute* ; les paysages de Hollande, où il voyage en octobre, lui prêteront leur décor. Des canaux concentriques d'Amsterdam, il fera une figure de l'enfer selon Dante.

Le 8 mai 1954, la chute de Diên Biên Phu a sonné le glas de la présence française en Indochine (« Comme en 1940, sentiment partagé de honte et de fureur », *Carnets*). La révolte nationaliste en Tunisie s'intensifie au cours de l'année. Le 1er novembre, une série d'attentats sanglants, notamment dans les Aurès, marque le début de ce que le gouvernement français appellera longtemps les « événements d'Algérie ». De la décolonisation qui s'accélère, nul mieux que Camus n'a analysé les causes et les prodromes. Du moment où elle touche son pays, il la vit comme une tragédie.

Le 11 novembre 1954, des automitrailleuses sont en position d'alerte près de l'école de M'Chnouneche (Aurès), à une centaine de kilomètres au sud de Sétif, où la rébellion nationaliste avait été réprimée en 1945. La guerre d'Algérie vient de commencer. Autant que les attaques des fellaghas, l'état-major de l'armée française redoute, dans les Aurès, les réflexes d'autodéfense de la population française, à laquelle des armes ont été distribuées.

Journaliste à « L'Express »

En-dehors de toute position politique

Albert Camus a lancé hier un pathétique appel pour la protection des civils innocents

Jean-Jacques Servan-Schreiber et Françoise Giroud avaient lancé en mai 1953 un nouvel hebdomadaire, *L'Express*, qui soutiendra jusqu'à sa chute (5 février 1955) le gouvernement de Pierre Mendès France. L'année 1955 est pour Camus écrivain celle de l'adaptation d'*Un cas intéressant*, de Dino Buzzati; fidèle aux deux pôles de son inspiration, il voit dans sa pièce « aussi bien un drame de la destinée qu'une satire sociale ». Cette année est aussi celle de sa collaboration à *L'Express*, où il appelle à une « conférence » qui réunirait les diverses parties aux prises en Algérie et à une solution politique consacrant à la fois la différence du pays et son appartenance à une « Fédération française » (9 et 23 juillet). L'hebdomadaire est devenu (provisoirement) quotidien quand Camus y affirme, à l'automne, que « l'Algérie n'est pas la France », tout en rappelant qu'elle compte un million de Français.

Trois voyages éclairent son année. En février, il retrouve à Alger son quartier de Belcourt et revit

Le *Journal d'Alger*, quotidien libéral, rend compte le 23 janvier 1956 de l'« Appel pour une trêve civile » lancé par Camus la veille, au Cercle du progrès, près de la Casbah d'Alger. Le ton bienveillant de l'article contraste avec les réactions hostiles de la majorité des Européens d'Algérie, reflétées par *L'Echo d'Alger* et *La Dépêche Quotidienne*. La jeunesse française d'Algérie « peut encore, si elle sait tendre la main au peuple arabe, par-dessus la terreur et la répression, faire de la communauté franco-arabe l'exemple de ce que la force et la volonté d'un peuple jeune sont capables d'édifier, sur le malheur lui-même », écrivait Camus dans *L'Express* le 23 juillet 1955 (ci-contre : au marbre de *L'Express* avec le typographe Georges Roy). Dans le climat passionnel qui règne alors en Algérie, ces paroles d'homme de bonne volonté sonnent comme une trahison.

des souvenirs qui nourriront *Le Premier Homme*. En avril, il découvre enfin la Grèce : « Ces vingt jours de course à travers la Grèce, je les contemple d'Athènes maintenant, avant mon départ, et ils m'apparaissent comme une seule et longue source de lumière que je pourrai garder au cœur de ma vie. » L'été, il parcourt l'Italie : « Quand je serai vieux je voudrais qu'il me soit donné de revenir sur cette route de Sienne que rien n'égale au monde, et d'y mourir dans un fossé, entouré de la seule bonté de ces Italiens inconnus que j'aime. »

Du voyage qu'il effectue en Grèce au printemps de 1955 nous reste surtout une conférence prononcée à Athènes sur l'avenir de la tragédie ; entre l'époque d'Euripide et celle de Shakespeare, y explique-t-il, vingt siècles se sont écoulés, d'où le tragique avait disparu. Quant aux ruines, il les visite « en voisin » (*Carnets*), comme si l'émerveillement juvénile de Tipasa l'avait préparé de longue date à cette forme de beauté.

Le début de l'année 1956 marque un tournant dans la guerre d'Algérie. La victoire aux élections législatives du Front républicain promet, le 2 janvier, une solution libérale, dont fait aussitôt douter le choix de Guy Mollet (plutôt que de Pierre Mendès France) à la présidence du Conseil. Venu à Alger le 6 février pour introniser le général Catroux comme ministre résident, Guy Mollet capitule devant l'émeute déclenchée par la population française de la ville. Le 12 mars, l'Assemblée nationale accorde au gouvernement, à une très large majorité (communistes compris), les « pouvoirs spéciaux » pour régler la question algérienne. La guerre va s'intensifier.

Le 22 janvier, Camus avait lancé à Alger un appel en faveur d'une « trêve civile » : si les combats doivent continuer, que les attentats épargnent du

moins les civils des deux camps.
Le 2 février, il donne à *L'Express* un dernier article intitulé « Remerciement à Mozart ». L'artiste s'abstrait, dirait-on, de cette époque trop « intéressante » afin de retrouver sa vraie patrie. Six jours plus tard, en désaccord avec Jean-Jacques Servan-Schreiber, partisan d'une négociation avec les rebelles, il donne sa démission du journal. Il s'est installé pour quelques semaines au 61, boulevard de Montmorency (XVIe arrondissement), dans l'appartement de son ami Jules Roy, parti pour l'Afrique afin d'y tourner un film.

À la fin de *La Chute*, Clamence, après s'être accusé de crimes invérifiables, révèle – dans l'espoir d'être enfin arrêté – qu'il cache dans le placard de sa chambre le panneau original des *Juges intègres* de *L'Adoration de l'Agneau mystique*, de H. et J. Van Eyck (ci-dessus).

« La Chute »

En mai 1956 paraît *La Chute*. « Ton impuissance, c'était ça ! », plaisante Robert Gallimard. Le succès du livre égale celui de *La Peste*. La forme du récit, sorte de monologue où Jean-Baptiste Clamence (*vox clamans in deserto*) s'adresse à un hypothétique interlocuteur, vaut à Camus des éloges qui l'étonnent : « J'ai adapté la forme au sujet, voilà tout. » *Mémoires écrits dans un souterrain*, de Dostoïevski, l'a plus inspiré que les techniques des romanciers modernes. Le lecteur se perd à décrypter la figure de Clamence, avocat des nobles causes retiré à Amsterdam et qui, faisant désormais profession de « juge-pénitent », interpelle les touristes de passage pour leur raconter les étapes de sa déchéance. Au cœur de sa confession : le suicide d'une jeune femme, qu'il n'a pas eu le courage (parce qu'il faisait trop nuit, trop froid) d'aller repêcher dans la Seine. Sa lâcheté a réduit en miettes l'image flatteuse qu'il se faisait de lui. Au terme du parcours, Clamence tend le miroir de lui-même à son interlocuteur, afin que celui-ci s'y reconnaisse.

Les « juges-pénitents » sont les existentialistes, qui ont entrepris, par désespoir personnel, de désespérer leurs semblables ; enlever aux hommes l'estime qu'ils ont d'eux-mêmes est un moyen de les préparer à la servitude. Mais dans ce beau parleur, amateur de conquêtes féminines, de théâtre et de football, Camus offre aussi sa propre image, celle qu'une sévère introspection autant que le venin des attaques a brisée. La jeune femme que ce prétendu défenseur des humbles n'a pas su secourir pourrait s'appeler

La Chute est le récit le plus travaillé et le plus douloureux de toute l'œuvre de Camus (ci-dessous, page du manuscrit).

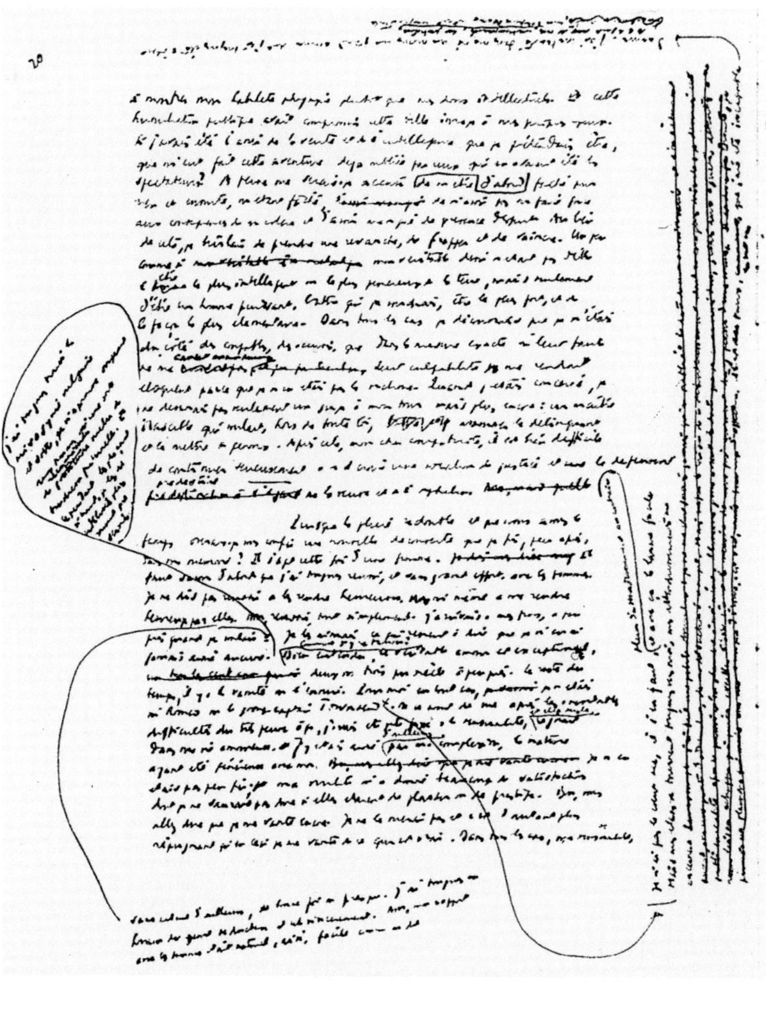

Francine. On se perd dans les interprétations du récit comme dans une spirale. De son écriture, déclamatoire, rhétorique, chargée de symboles et de références (aux antipodes de *L'Étranger* ou de *La Peste*), les critiques diront qu'elle est ironique. Ironie de Camus à l'égard de son propre style, du romancier aux dépens de son héros, ou de Clamence aux dépens de soi-même ? La « réalité » du second personnage du récit fait elle-même problème : Clamence s'adresse-t-il à un interlocuteur dont le romancier a escamoté les répliques, ou s'est-il fabriqué en imagination un compagnon afin de tromper sa solitude ? La deuxième hypothèse fait mieux encore du récit un monologue tragique. Le « sujet » était assez troublant, décidément, pour que la « forme » s'imposât comme originale. Camus lui-même distinguait trois « étages » dans l'architecture de son œuvre. *La Chute* apparaît coincée, dans son projet, entre l'étage de la révolte et celui de l'amour, comme s'il avait, par ce récit grinçant, congédié la mauvaise part de lui-même avant d'aborder un nouveau cycle, lavé de toute rancœur, dont *Le Premier Homme* serait la pièce maîtresse.

Camus possédait cette photo de l'écrivain américain William Faulkner, dont le roman *Sanctuaire* avait, selon Malraux, introduit la tragédie grecque dans le roman policier. En 1956, Camus adapte *Requiem pour une nonne*, qui pour lui est aussi une tragédie. Nancy, une servante noire, a été condamnée pour avoir tué l'enfant de sa maîtresse. Celle-ci se livre alors à une douloureuse plongée dans son passé pour atténuer la culpabilité de l'accusée. Bien que se déroulant dans le sud des États-Unis, la pièce ne pose pas aux yeux de Camus le problème de la race, mais celui de la solitude et de la souffrance universelles.

La scène et les luttes

De son activité militante en 1956 ressortent une protestation contre la répression des insurgés de Poznan (juillet) et, après que les chars soviétiques ont écrasé la révolte de Budapest (novembre), une demande « Pour une démarche commune à l'ONU des intellectuels européens » (*Franc-Tireur*). Au *Monde*, il a donné une interview le 31 août sur ses positions religieuses : « Je ne crois pas en Dieu, c'est vrai. Mais je ne suis pas athée pour autant »,

manière de se définir comme un agnostique. Ont commencé, pendant l'été, les répétitions de son adaptation de *Requiem pour une nonne,* d'après le roman de Faulkner. À cette occasion, il rencontre Catherine Sellers, à qui a été confié le premier rôle féminin.

Dans *L'Exil et le Royaume,* publié en mars 1957, « Jonas ou l'artiste au travail » transpose l'impatience de Camus devant les embarras et les gêneurs qui dévorent son temps. « Une pièce sur l'impossibilité de la solitude. Ils sont toujours là », avait-il noté en

Ci-dessus, Catherine Sellers interprétant le rôle de Temple Stevens, la maîtresse de Nancy, lors d'une répétition de *Requiem pour une nonne,* sous l'œil du metteur en scène. « J'aime ce petit visage soucieux et blessé, tragique parfois, beau toujours » (*Carnets*).

1954 dans ses *Carnets*. En juin, il participe au Festival d'art dramatique d'Angers où *Caligula* est repris dans une version à nouveau modifiée et où il met en scène sa propre adaptation du *Chevalier d'Olmedo*, de Lope de Vega, avec Michel Herbault, Jean-Pierre Jorris et Dominique Blanchar. Ses « Réflexions sur la guillotine », publiées en juin-juillet dans *La Nouvelle Revue française*, et jointes aux « Réflexions sur la pendaison » d'Arthur Koestler dans *Réflexions sur la peine capitale* (Calmann-Lévy), confirment son hostilité à la peine de mort. Du moment qu'on ne peut dire qu'une personne est absolument coupable, on ne peut prononcer le châtiment total, expliquait-il en juin 1947 dans ses *Carnets*. Son nouvel ouvrage récuse surtout l'exemplarité de la peine capitale. Si les États jugent les exécutions exemplaires, pourquoi y procèdent-ils dans le secret, comme s'ils en avaient honte ? La tragédie algérienne, elle, le réduit au silence. Comment se désolidariser à Paris de ceux qui, à Alger, sont victimes du terrorisme ?

Le 10 décembre 1957 a lieu la cérémonie au cours de laquelle Camus reçoit le prix Nobel, à Stockholm (ci-dessous, de gauche à droite : Simone Gallimard, Francine Camus, Claude Gallimard, Janine Gallimard, Michel Gallimard et Albert Camus). Le couple Camus avait connu de rudes épreuves ces derniers mois, mais Albert insista pour que son épouse fût du voyage : « Francine a été à la peine, il est normal qu'elle soit aussi à l'honneur. »

A. CAMUS PRIX NOBEL

Le *Chevalier d'Olmedo* de Lope de Vega est créé le 21 juin 1957 au Festival d'Angers (ci-contre, Camus lors d'une répétition). « Dans notre Europe de cendres, Lope de Vega et le théâtre espagnol peuvent apporter aujourd'hui leur inépuisable lumière, leur insolite jeunesse, nous aider à retrouver sur nos scènes l'esprit de grandeur pour servir enfin l'avenir véritable de notre théâtre. »

Le prix Nobel

À ses doutes et à ses souffrances, le prix Nobel, qui lui est décerné le 16 octobre 1957, va mettre un comble. La presse littéraire, quand elle ne l'insulte pas, considère son prix comme un monument funéraire. On voudrait faire croire qu'à quarante-quatre ans il a son œuvre derrière lui. Catherine Sellers témoigne qu'il eut alors la tentation du suicide. Accompagné de Francine pour la remise du prix, il précise dans le discours officiel de Stockholm sa conception de l'art : « L'art n'est pas à mes yeux une réjouissance solitaire. Il est un moyen d'émouvoir le plus grand nombre d'hommes en leur offrant une image privilégiée des souffrances et des joies communes. » À Upsala, à la suite de sa conférence sur « L'artiste et son temps », il est rudement interpellé par un jeune militant algérien. « Je crois à la justice, mais je défendrai ma mère avant la justice », lui répond-il, excédé. Le mot fera le tour du monde. « Il a enfin compris », se réjouissent les Français d'Algérie. Ses amis de gauche sont consternés. Ils devraient pourtant se rappeler cette phrase de *La Peste* : « Rien au monde ne vaut qu'on se détourne de ce qu'on aime. »

Écrivain hongrois naturalisé britannique, membre du Parti communiste allemand de 1931 à 1937, puis combattant de la guerre d'Espagne, Arthur Koestler avait dès 1940, dans son roman *Le Zéro et l'Infini*, dénoncé les crimes du stalinisme et

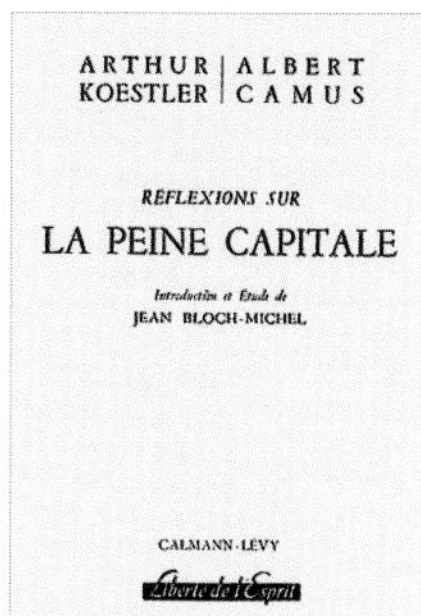

les procès de Moscou. Il se lia d'amitié avec Camus après la guerre. Ils cosignent en 1957 un ouvrage contre la peine de mort paru chez Calmann-Lévy.

Camus devait-il placer la justice avant sa mère ? On l'aurait jugé insensible ou hypocrite. Était-il politiquement incorrect de mettre les deux en balance ? Le dilemme obsède quiconque sait ses proches exposés au terrorisme. À l'évidence, Camus aurait dû se taire. Mais peut-on toujours se taire ?

La mer pour oublier

Depuis sa jeunesse, son idéal de morale et d'esthétique n'a pas varié. « Chaque artiste garde ainsi, au fond de lui, une source qui alimente pendant sa vie ce qu'il est et ce qu'il dit », écrit-il en 1958 pour préfacer la réédition de *L'Envers et l'Endroit*. En mars, il se ressource à Alger et à Tipasa, puis donne un « Avant-propos » à *Actuelles III. Chroniques algériennes (1939-1958)*. Quand son ouvrage est publié, en juin, les manifestations d'Alger ont entraîné le retour au pouvoir du général

« Naturellement, on peut choisir de mourir dans l'excès du désespoir. Mais il serait impardonnable de se jeter à l'eau pour éviter la pluie et de mourir à force de vouloir survivre. Voilà pourquoi l'idée d'une table ronde où se rencontreront à froid les représentants de toutes les tendances, depuis les milieux de la colonisation jusqu'aux nationalistes arabes, me paraît toujours valable. Il n'est pas bon, en effet, que les hommes vivent seuls, ou dans la solitude des factions. Il n'est pas bon de rester confronté trop longtemps à ses haines ou son humiliation, ni même à ses rêves. Le monde d'aujourd'hui est celui de l'ennemi invisible ; le combat y est abstrait et c'est pourquoi rien ne l'éclaire ni ne l'adoucit. Voir l'autre et l'entendre, peut donner un sens au combat, et peut-être aussi le rendre vain. L'heure de la table ronde sera l'heure des responsabilités. Mais à la condition que cette réunion se fasse loyalement et dans la clarté. »

Chroniques algériennes.

Le vœu de Camus restera lettre morte. En décembre 1960, près d'un an après sa mort, l'indépendance est inéluctable (à gauche, manifestation pour l'indépendance dans le quartier de Belcourt, à Alger, en 1960.)

de Gaulle. *Actuelles III* ne propose aucune solution pour rétablir la paix. Également éloigné de ceux qui crient « Algérie française » et des partisans de l'indépendance, Camus se raccroche à une solution fédérale qui préserverait les droits des deux communautés, voire, dit-on, à une partition du territoire. « On est fait pour s'entendre », martèle, dans *Le Premier Homme*, le colon Veillard, dont la ferme de Mondovi est cernée par les fellaghas. Jusqu'aux derniers mois de la guerre, beaucoup de Français d'Algérie pratiqueront la méthode Coué. Camus nourrit moins d'illusions. « Je crois comme vous qu'il est sans doute trop tard pour l'Algérie », écrit-il à Jean Grenier le 7 août 1958.

Il revient, en cet été, d'un voyage en Grèce avec Maria Casarès, Michel et Janine Gallimard. De Chio, il a adressé le 21 juin une carte postale à Jean Grenier avec ces mots : « Ce sont les îles Fortunées. Et la mer lave tout. » En septembre, il achète une maison à Lourmarin, non loin de L'Isle-sur-la-Sorgue, où il retrouve souvent René Char.

Michel Gallimard, fils de Raymond et neveu du grand Gaston, se lia d'amitié avec Camus en 1944 (ci-dessous à Cannes en 1958), et participa avec lui aux comités de lecture de la maison. À la Libération, il s'entoura d'hommes de gauche, même s'il se déclarait apolitique. Les lettres de Camus à Michel et à sa femme Janine sont toujours drôles et affectueuses. Quand la guerre d'Algérie s'aggrave, les prises de position de Michel en faveur du FLN dérangent sa famille, et froissent Camus sans jamais altérer une complicité que fortifie leur maladie commune.

Le théâtre pour être heureux

Le 30 janvier 1959, il met en scène, au Théâtre Antoine, son adaptation des *Possédés*, de Dostoïevski, avec Catherine Sellers, Pierre Blanchar, Pierre Vaneck et Alain Mottet. Fidélité à Dostoïevski, dont il avait adapté à vingt-cinq ans *Les Frères Karamazov*, fidélité au théâtre dont la passion ne l'a jamais quitté depuis l'époque où, « ayant réuni une troupe d'infortune », il montait des pièces « dans un dancing populaire d'Alger » : il s'en explique dans l'émission télévisée « Gros plan » (qui sera diffusée le 12 mai). « Pourquoi je fais du théâtre ? Eh bien ! je me le suis souvent demandé. Et la seule réponse que j'aie pu me faire jusqu'à présent vous paraîtra d'une décourageante banalité : tout simplement parce qu'une scène de théâtre est un des lieux du monde où je suis heureux » et puis : « Ma première raison, et la moins brillante, je le reconnais, est que j'échappe par le théâtre à ce qui m'ennuie dans mon métier d'écrivain. » En mars, il se rend à Alger au chevet de sa mère, qui a été opérée, puis à Ouled-Fayet, lieu de naissance de son père. La rédaction du *Premier Homme* l'occupera, à Lourmarin, le reste de l'année. « Je suis depuis un mois à Lourmarin », écrit-il le 25 mai à Jules Roy, « et c'est pourquoi tu ne m'as pas trouvé à Paris. Je suis comme toi, je ne supporte plus la vie qu'on y mène et je compte passer par morceaux la moitié de l'année à Lourmarin ». À Venise, il assiste en juillet à une de ses représentations des *Possédés* au Théâtre de La Fenice. Comment accueille-t-il, le 16 septembre, le discours du général de Gaulle proclamant le droit des habitants de l'Algérie à l'autodétermination ? Il a, depuis toujours, écarté les deux premières solutions évoquées par le général : « sécession » et « francisation ». Quant à la

En juillet 1959, à La Fenice de Venise, Camus surveille la répétition des *Possédés*. Au mur de son bureau, chez Gallimard, il avait affiché deux portraits : ceux de Tolstoï et de Dostoïevski. « J'ai d'abord admiré Dostoïevski à cause de ce qu'il me révélait de la nature humaine. Révéler est le mot. Car il nous apprend seulement ce que nous savons, mais que nous refusons de reconnaître », écrivait-il en 1957, ajoutant que Dostoïevski avait « sauvé l'avenir de la religion et du socialisme, bien que le monde d'aujourd'hui semble lui donner tort sur les deux plans ».

troisième, le « gouvernement des Algériens par les Algériens appuyés sur l'aide de la France », il sait bien qu'elle programme l'indépendance totale du pays. À Aix-en-Provence, le 14 décembre, il s'entretient avec des étudiants étrangers : « Êtes-vous un intellectuel de gauche ? – Je ne suis pas sûr d'être un intellectuel. Quant au reste, je suis pour la gauche, malgré moi, et malgré elle. »

Le 3 janvier 1960, alors que Francine est rentrée la veille par le train, Camus quitte Lourmarin pour Paris dans la voiture de Michel Gallimard ; avec eux, Janine Gallimard et sa fille Anne. Le voyage doit se faire en deux jours, avec une étape près de Mâcon. Le 4 janvier, pour une raison indéterminée, la voiture se fracasse contre un arbre, vingt-quatre kilomètres après Sens (Yonne). Albert Camus est tué sur le coup, Michel Gallimard meurt cinq jours plus tard à l'hôpital. Le manuscrit du *Premier Homme*, retrouvé sur les lieux, ne sera édité qu'en 1994. Il était dédié à la « Veuve Camus » : « À toi qui ne pourras jamais lire ce livre. » Mme Camus ne survécut que quelques mois à son fils. Albert Camus est enterré au cimetière de Lourmarin.

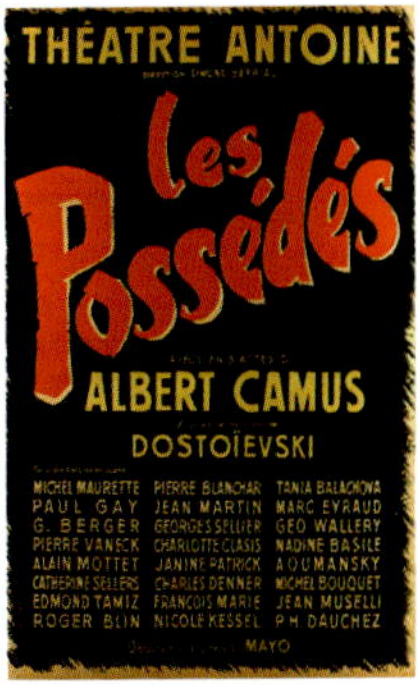

Créée sans succès au Théâtre Antoine, la pièce compensa son déficit financier grâce à des tournées en province et à l'étranger. Ci-dessous, en Suisse, après une représentation à Lausanne, le 31 octobre 1959.

ALBERT CAMUS ES

« Camus s'éloigne », disait Jean-Marie Domenach, ancien directeur d'*Esprit*, au colloque de Nanterre sur « Camus et la politique », en 1985. Il s'est encore plus éloigné depuis la chute du mur de Berlin : a-t-on besoin de lui pour affirmer que le paradis ne se bâtit pas sur la servitude et la terreur ? Quand la voix du prophète s'efface devant ce qu'il a prédit, il reste tout de même à analyser comment et pourquoi il a parlé. D'autant que jamais le combat de Camus ne fut partisan : après *L'État de siège*, Gabriel Marcel lui reprochait de réserver ses traits au franquisme… Le « monde de pauvreté et de lumière » où il a grandi, l'âpreté de celui où il a ensuite abordé éclairent, sinon les libres choix de l'individu, du moins les terrains où ils se sont exercés. « Vous avez été pauvre, mais vous ne l'êtes plus », lui lance Sartre en 1952. Camus le sait bien : à vingt-deux ans, il parlait déjà dans ses *Carnets* de « la nostalgie d'une pauvreté perdue », mais il ajoutait : « Une certaine somme d'années vécues misérablement suffisent à construire une sensibilité ». La sensibilité de Sartre s'est construite autrement. Il est vrai qu'on ne saurait exciper à vie de ses qualités d'ancien pauvre, ou encore d'ancien résistant. Mieux valait toutefois, pour comprendre les hommes de son temps, avoir été l'un et l'autre. Ce vécu fit défaut à beaucoup de ceux qui se sont acharnés contre lui.

Quand paraît *L'Homme révolté*, cet acharnement vise à la fois la fragilité de ses idées philosophiques

Les obsèques d'Albert Camus ont lieu à Lourmarin, le 6 janvier 1960, sans protocole. (page de droite).

Ces photos racontent la mort d'Albert Camus

- Lancée à une allure vertigineuse la voiture s'écrasa sur un platane
- Sous le choc elle éclata en trois morceaux éparpillés sur 150 m.

France Soir daté du 6 janvier 1960 annonce la nouvelle. « La route était droite, sèche, déserte. C'est le destin » (Jean Daniel).

et l'impasse politique où elles mènent. Chacun des deux griefs mérite considération, mais leur amalgame est étrange. L'analyse en profondeur de Hegel, de Husserl ou de Heidegger, pour laquelle Camus était moins armé que Sartre ou Merleau-Ponty, offre-t-elle un passeport infaillible pour la défense de la liberté ? Au moins aurait-il pu devenir le maître à penser des révoltés de Mai 1968, qui, contre l'idéologie communiste, réclamaient le bonheur tout de suite ; mais la mode était alors plus aux slogans poétiques qu'aux essais rhétoriques. On a surtout reproché à Camus, à partir de 1956, son relatif silence sur l'Algérie, où il décela avec une lucidité exemplaire les causes du mal, sans avoir le cœur, parce que ce mal était aussi le sien, de proposer le remède qui vouait sa mère à l'exil. Peut-être, au bout du compte, n'avait-il pas la tête politique. « Je ne suis pas fait pour la politique puisque je suis incapable de vouloir ou d'accepter la mort de l'adversaire », écrivait-il dans ses *Carnets* en 1945. En notre siècle où la politique est devenue au quotidien une affaire de « tueurs », Camus s'éloigne toujours davantage. Mais il nous manque.

L'œuvre de Camus, toujours très lue, continue également d'être jouée au théâtre : pages suivantes, en haut à gauche, *Les Justes* mis en scène par Jean-Pierre Miquel au théâtre de l'Odéon (mars 1986), avec Laurent Rey et Alain Lenglet, et en bas, une répétition de l'adaptation de *La Peste*, mise en scène par Marc Olinger au théâtre des Capucins, Luxembourg (mars 2005) ; à droite : *Caligula* à la Comédie-Française (février 1992), dans une mise en scène de Youssef Chahine, avec Jean-Yves Dubois, debout (Caligula), et Michel Favory (Cherea).

La «part obscure» d'un classique

Raymond Aron jugeait, en 1948, que Camus avait été « pendant deux ans et demi dans la presse française non seulement l'éditorialiste doué du plus grand talent, mais probablement le seul qui ait été capable d'exprimer dans un article quotidien des positions de valeur fondamentale, sans être grandiloquent ». Les vertus d'exigence formelle et de sobriété reconnues ici au chroniqueur furent celles de l'écrivain. « Dire le moins » : ce souci qui a guidé sa plume dans *L'Étranger* s'éclaire par sa définition de l'idéal classique : « La véritable œuvre d'art est toujours à la mesure humaine. Elle est essentiellement celle qui dit "moins" » (*Le Mythe de Sisyphe*). En une autre acception du terme, *L'Étranger* s'est rapidement imposé comme un *classique*. « À la cime du particulier éclôt le général » (Marcel Proust). À un simple fait divers (le meurtre d'un Arabe par un Européen), Camus a su donner des résonances universelles. « S'il ne restait comme témoignage de l'homme actuel, dans quelques siècles, que ce court récit, on en prendrait une idée suffisante – comme il suffit, pour comprendre les romantiques, de lire *René* », écrivait en 1957 Gaëtan Picon (*Panorama de la nouvelle littérature française*). Camus, qui espérait refléter à la scène le tragique de son temps, est devenu presque à son insu un des grands romanciers tragiques du XXe siècle. Autant qu'à *Caligula* (entré en 1992 à la Comédie-Française), le public s'intéresse aujourd'hui aux adaptations scéniques de *La Chute*, tentatives discutables, mais qui prouvent qu'on ne se lasse pas d'interroger l'enfermement de Jean-Baptiste Clamence, héros et victime tragique de la « terrible époque ».

Suivant une autre définition de Camus, le classicisme est la « domination des passions ».

En 1967, Luchino Visconti présente au Festival de Venise *Lo Straniero* (*L'Étranger*), film tourné avec Marcello Mastroianni et Anna Karina (ci-dessous). C'est l'une des rares adaptations cinématographiques de l'œuvre de Camus. En 1951, Jean Renoir avait eu lui aussi le projet de filmer *L'Étranger* avec Gérard Philipe dans le rôle de Meursault, mais ce projet fut abandonné.

Ces passions, dont il écrit à l'époque de *La Peste* qu'elles sont désormais « collectives », il appartient à l'artiste de leur donner une forme où se refléteront en même temps sa conscience du réel et le refus de l'ordre établi. S'il se coupe du réel, l'art s'égare dans le surréalisme ou le formalisme ; s'il se soumet à ses conventions, il dégénère en un « réalisme » dont les régimes totalitaires du XXe siècle ont encouragé les pires caricatures. Autant qu'au moraliste, qui assume les tensions contraires de la condition humaine, s'impose à l'artiste l'idéal de la « mesure », qui fait l'effet d'une corde raide. Éthiques ou esthétiques, les contradictions nourrissent l'œuvre de Camus. Ainsi, de 1947 jusqu'à sa mort, ses *Carnets* se réfèrent souvent à Némésis, divinité de la mythologie grecque qui châtiait la démesure des hommes. Mais de ce châtiment étaient passibles à la fois l'orgueil des tyrans, que Camus réprouve, et l'exigence absolue du bonheur, qui lui sert d'art de vivre. Ce genre d'indécision le rend constamment modeste et perplexe face à ses propres créations. On s'explique alors que ce chantre de la lumière écrive à propos de Jonas, le peintre de *L'Exil et le royaume*, qu'il « n'avait qu'une idée obscure de sa propre esthétique ». Dans sa dernière interview, à la question « Que croyez-vous que les critiques aient négligé dans votre œuvre ? », il répond : « La part obscure, ce qu'il y a d'aveugle et d'instinctif en moi. » Son *Premier Homme* vise en partie à élucider cette « part obscure ». Quand il est mort, le troisième « étage » de son œuvre restait à bâtir. Il était, à quarante-six ans, un écrivain en devenir.

Le rayonnement de Camus hors de France reste d'abord celui de l'écrivain. Aucun romancier français du XXe siècle n'a connu autant de traductions (50 langues). *L'Étranger* est son roman le plus vendu, avec *La Peste* et *La Chute* (ci dessus, de gauche à droite : éditions allemande et serbo-croate de *L'Étranger* ; éditions macédonienne et norvégienne de *La Peste* et une édition bengalie de *L'Étranger*). Mais sa pensée philosophique et politique offrait aussi, à l'époque où elle était combattue en France, des motifs d'espoir aux victimes des totalitarismes de tous bords. Aujourd'hui, son œuvre est devenue une sorte de vulgate pour ceux qui s'engagent en faveur de la liberté. « Il a annoncé la déroute des idéologues et l'avènement des dissidents » (René Jean Dupuy). Page suivante, Camus à Leysin, en 1948.

TÉMOIGNAGES ET DOCUMENTS

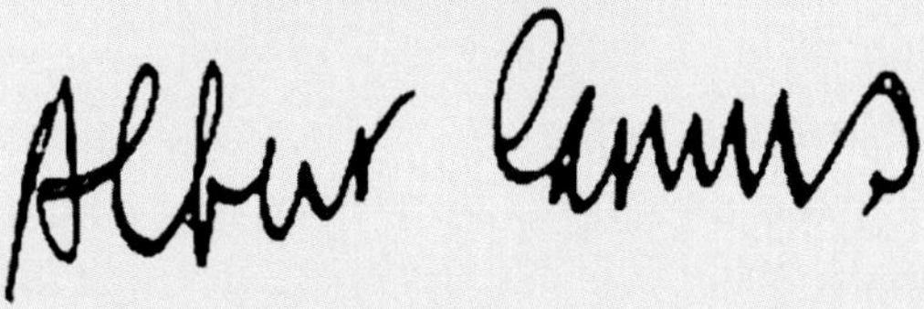

Portraits

Parmi les témoins de l'existence de Camus, il y a ceux, rares désormais, qui ont connu le jeune homme pauvre de Belcourt, ceux qui ont travaillé avec lui au marbre de Combat *ou de* L'Express, *la « jungle » parisienne, avec qui Camus a partagé à la Libération des moments joyeux, et les compagnons de théâtre. « Je l'ai toujours vu heureux », témoigne Michel Bouquet, qui incarna Scipion dans* Caligula *et Pierre dans* Les Possédés. *Avant d'ajouter aussitôt : « Il est vrai que je ne l'ai connu qu'au théâtre. »*

« La marque du soleil et de la misère »

Né à Oran, dans un milieu pauvre comme Camus, Emmanuel Roblès (1914-1995) collabora comme lui à Alger républicain. *C'est à son instigation qu'il se lança dans le théâtre.* Montserrat *(1948) fut, à la scène, sa plus belle réussite. Son roman* Les Hauteurs de la ville *obtint la même année le prix Femina. Il a célébré son amitié avec Camus dans un volume collectif consacré à l'écrivain.*

Je l'ai connu à vingt ans, maigre, le teint pâle, le visage osseux, toujours soigné dans sa mise, avec une légère pointe de coquetterie dans sa fidélité au nœud papillon. Il avait la démarche aisée, un ton de voix un peu sourd, toujours égal, ce qui n'était pas si commun dans cette société de Méditerranéens exubérants, volontiers criards, et qui, sans arrêt, « joignent le geste à la parole ».

Contrairement à la plupart d'entre nous, il savait écouter. Il pouvait suivre nos propos avec une attention concentrée et l'un de ses charmes, à coup sûr, provenait de cet intérêt qu'il accordait aux autres, dont il paraissait toujours estimer la présence, la manière, comme dit Unamuno, « de peser sur la terre ».

Il avait ce regard grave, souvent tourné vers l'intérieur, parfois teinté d'une méfiance lointaine, qui est le regard des hommes de l'arène, habitués à vivre en constante familiarité avec la mort. J'avais connu quelques-uns de ces bestiaires du temps de ma vie à Oran, d'où chaque année je me rendais assidûment aux *fallas* de Valence et d'Alicante. Surtout j'avais rencontré Ortega dont Camus avait le corps sec et musclé, la même intensité presque insoutenable des prunelles et cette passion de vivre nouée au creux de l'âme qui se sait sans trêve menacée. L'un et l'autre apportaient une ardeur un peu sombre à jouir de chaque heure comme si elle devait être la dernière. Un air de musique, un arbre dans l'immobilité de la lumière, un corps de femme, avaient un langage qui ne répondait pour eux à aucune question « parce qu'il les rendait inutiles ». « Ce n'était pas, écrivait Camus, des actions de grâces qui pouvaient me

Enfant, Camus rejoignait parfois son oncle Étienne Sintès, ouvrier tonnelier, dans son atelier quand il n'y avait pas classe le jeudi. Ci-dessus, Albert pose au centre de la photo avec les compagnons de travail de son oncle.

monter aux lèvres, mais ce Nada qui n'a pu naître que devant des paysages écrasés de soleil. Il n'y a pas d'amour de vivre sans désespoir de vivre » (*L'Envers et l'Endroit*).

Déjà Lorca, sur le corps déchiré de son ami le matador Sanchez Mejias, avait traduit ce sentiment dans des vers que Camus appréciait (nous fréquentions, dans ces années, un réfugié espagnol, Pablo, sosie d'Alphonse XIII, dont la prodigieuse mémoire contenait un trésor de poèmes) :

« Je chante à jamais ton profil et ta [grâce
Ton désir de la mort et le goût de [sa bouche
Et ta tristesse au fond de ta vaillante [joie. »

Sanchez Mejias, de la même manière, s'efforçait au bonheur malgré sa hantise, mais quoi, vient l'heure où la barrière s'ouvre et c'est toujours le taureau qui sort.

À dire vrai, l'Espagne, pour Camus, était vivante dans son sang et bien au-delà de cette « castillanerie » dont plaisantait Jean Grenier. Elle était d'abord dans ce « sentiment tragique de la vie » qui est fondamentalement au fond du cœur de l'homme espagnol, à qui Miguel de Unamuno souhaitait que Dieu n'accordât pas de paix. *« Y Dios no te dé paz y si gloria… »* Selon ce vœu, Camus, d'une ville lumineuse de Provence, a pris sa dernière route, l'âme toujours insurgée.

Mais cette « castillanerie » était très réelle et se manifestait par des traits de caractère et de comportement dont, tout d'abord, une fierté ombrageuse. Celle-ci, sous l'effet de certains aiguillons, pouvait même éclater en accès de violence malgré cette maîtrise de soi qu'ordinairement il affectait. Un soir, par exemple, à la Maison de la Culture, rue Charras, il se jeta poings en avant sur un garçon qui, au cours d'une discussion politique un peu trop enflammée, était allé jusqu'à l'injure. On peut avoir le goût du néant, le sentiment de l'absurde et de la vanité de toute chose en ce monde et ne pas supporter qu'on fasse bon marché de sa dignité. Ces deux positions ne sont pas incompatibles, on le sait. Elles sont même reliées l'une à l'autre. « Pas d'ardeur à vivre sans désespoir de vivre », certes, mais vivre ce n'est pas exister à n'importe quel prix.

Emmanuel Roblès,
in *Camus*, « Génies et réalités »,
Hachette, 1964

À « Combat » en 1944

Albert Camus a embauché Roger Grenier à Combat *après la Libération et a publié son premier livre,* Le Rôle d'accusé, *dans la collection « Espoir », qu'il dirigeait chez Gallimard. Roger Grenier à qui l'on doit notamment l'album Camus de la Pléiade, et une biographie intellectuelle,* Albert Camus, soleil et ombre.

Il faut avoir connu Albert Camus en 1944. Il avait trente ans. *L'Étranger* et *Le Mythe de Sisyphe* l'avaient soudain placé à la tête des jeunes écrivains. On jouait *Le Malentendu* au théâtre. Chaque jour, ses éditoriaux de *Combat*, qu'il n'avait pas besoin de signer tant ils étaient marqués de son style, servaient de guide à toute une intelligentsia.

Dans l'euphorie de l'époque de la Libération, que l'on pourrait appeler, en reprenant une formule de Malraux, le temps de « l'illusion lyrique », il était le symbole de la jeunesse, d'une nouvelle littérature, d'un monde neuf où la morale remplacerait la politique. Heureux ceux dont la jeunesse coïncide avec celle de l'Histoire. Camus a été de ceux-là.

Si l'on avait la chance de l'approcher, on découvrait que la nouvelle vedette de la littérature, le philosophe de l'absurde, le moraliste un peu hautain, le commentateur sévère de l'actualité, était l'homme le plus simple et le plus gai du monde. Il vous méprisait un peu si vous n'aimiez pas le football, mais c'était bien la seule réserve que lui dictait son tempérament généreux. Au printemps de 1947, quand nous savions que *Combat* était condamné, et qu'il faudrait le saborder ou le céder à une autre équipe, Camus, chaque soir, après avoir assuré l'édition, de l'éditorial à la mise en pages au marbre, n'avait qu'une hâte : entraîner l'équipe dans les caves de Saint-Germain-des-Prés dont c'était le début, et danser et boire le reste de la nuit. C'était notre façon d'enterrer notre journal.

Il avait le goût de la camaraderie. Il a déclaré : « La camaraderie a été une des grandes joies de ma vie, que j'ai perdue à l'époque où j'ai quitté le journal que nous avions fait en équipe. »

Grâce à Camus et à Pascal Pia, j'étais entré non dans un journal, mais dans un monde où j'allais tout apprendre, pas seulement un métier, mais aussi ce qu'il faut penser de la vie, auprès de deux hommes dont l'amitié, à l'époque, était contagieuse. Depuis, il n'y a pas de jour où je n'ai réfléchi sur les deux choix qu'ils semblaient me proposer : le nihilisme de Pia et l'optimisme raisonné de Camus, lui qui en m'embauchant m'avait dit : « Je ne te laisserai jamais tomber. »

Roger Grenier,
Extrait d'une conférence, Jérusalem, 2001

« Un heureux dosage de nonchalance et d'ardeur »

Dans La Force de l'âge, *paru en 1960, Simone de Beauvoir (1908-1986) se rappelle ces mois où, après la Libération de Paris, Sartre et elle croyaient partager avec Camus les mêmes combats. Les relations de Beauvoir et de Camus se distendent vers 1948. La querelle de* L'Homme révolté *leur portera le coup de grâce. Quand Beauvoir publie* Les Mandarins *(Gallimard, 1954, prix Goncourt), Camus lit son ouvrage comme un roman à clefs où elle règle ses comptes avec lui.*

À la générale des *Mouches*, Sartre avait trouvé Camus sympathique. Ce fut au « Flore » que je le rencontrai, avec Sartre, pour la première fois. La conversation roula, non sans un peu d'hésitation, sur des sujets littéraires, entre autres sur *Le Parti pris des choses* de Ponge que Camus appréciait comme Sartre. Les circonstances nous amenèrent à briser très vite la glace. Camus était féru de théâtre. Sartre parla de sa nouvelle pièce et des conditions dans lesquelles il comptait la monter ; il lui proposa de jouer le rôle du héros et de la mettre en scène. Camus hésita un peu et, comme Sartre insistait, il accepta. Les premières répétitions eurent lieu dans ma chambre avec Wanda, Olga Barbezat, et Chauffard en garçon d'étage : c'était un ancien élève de Sartre, qui écrivait, mais qui voulait par-dessus tout devenir acteur ; il travaillait chez Dullin. La promptitude avec laquelle Camus se lança dans cette aventure, la disponibilité dont elle témoignait, nous donnèrent de l'amitié pour lui. Il venait d'arriver à Paris ; il était marié, mais sa femme était restée en Afrique du Nord ; il avait quelques années de moins que moi. Sa jeunesse, son indépendance le rapprochaient de nous : nous nous étions formés sans lien avec aucune école, en solitaires ; nous n'avions pas de foyer, ni ce qu'on appelle un milieu. Comme nous, Camus avait passé de l'individualisme à l'engagement ; nous savions, sans qu'il y ait jamais fait allusion, qu'il avait d'importantes responsabilités dans le mouvement Combat. Il accueillait de bon appétit le succès, la notoriété, et il ne s'en cachait pas : un air blasé aurait eu moins de naturel ; il laissait percer de temps en temps un petit côté Rastignac, mais il ne semblait pas se prendre au sérieux. Il était simple et il était gai. Sa bonne humeur ne dédaignait pas les plaisanteries faciles : il appelait Descartes le garçon du « Flore » nommé Pascal ; mais il pouvait se les permettre ; un charme, dû à un heureux dosage de nonchalance et d'ardeur, l'assurait contre la vulgarité. Ce qui me plaisait surtout en lui c'est qu'il sût sourire avec détachement des choses et des gens, tout en se donnant intensément à ses entreprises, à ses plaisirs, à ses amitiés.

Nous nous retrouvions, par petits groupes, ou tous ensemble, au « Flore », dans de modestes restaurants du quartier, et souvent chez les Leiris. Quelquefois aussi j'invitai à dîner les Leiris, les Queneau, Camus : on pouvait sans trop de peine tenir huit autour de ma table. Bost, qui cuisinait un peu, m'aidait à préparer les repas. J'étais mieux ravitaillée que l'année précédente, grâce à Zette qui me procurait de loin en loin un peu de viande. J'offrais à mes convives des bassines de haricots, de grands plats de bœuf mode et je m'arrangeais pour avoir du vin en abondance. « Ça ne brille pas par la qualité, mais il y a la quantité », disait Camus.

Jamais auparavant je n'avais « reçu » et cela me divertissait.

Simone de Beauvoir,
La Force de l'âge, Gallimard, 1960

Toute révolution est autotrahie

Jean Daniel (né en 1920 à Blida, Algérie) est l'un des fondateurs et l'actuel directeur du Nouvel Observateur. *En 1947, il publie dans sa revue* Caliban *les articles de Camus intitulés « Ni victimes ni bourreaux ». Les deux hommes se retrouveront pendant quelques mois (1955-1956) à la rédaction de* L'Express *de Jean-Jacques Servan-Schreiber. Il livre ici un témoignage sur le Camus de l'après-guerre.*

C'est aussi dans *Caliban* que je provoquai entre Camus et d'Astier de La Vigerie un débat sur la violence. J'avais repris, pour les publier en une seule fois, la série d'articles de Camus intitulée « Ni victimes, ni bourreaux ». Emmanuel d'Astier, alors directeur de *Libération*, m'avait dit son admiration critique pour cette série et son désir de dialoguer avec Camus. Il me donna une réponse dont le thème était : « Arrachez d'abord la victime au bourreau ! » Camus lut cette réponse avec impatience, irritation, intolérance. Il habitait rue des Grands-Augustins, dans l'ancienne maison de Picasso, là où avait été écrit *Le Désir attrapé par la queue*. Je le retrouvai avec notre ami Maurice Adrey, un peintre oranais tout en nuances et en finesse, un tendre qui devait plus tard se suicider. Le déchaînement de Camus, qui me laissait pantois, faisait l'admiration d'Adrey. Chez le « marquis-rouge », Camus vitupérait le joueur stalinien, le « compagnon de route » assez indifférent pour être servile, l'aventurier trop hautain pour se sentir engagé. « Vous ne comprenez pas, Daniel, la gravité de tout cela, me disait-il. Tandis qu'Aragon, Casanova et Kanapa font régner la terreur chez ces petits littérateurs français, M. d'Astier de La Vigerie, lui, feint de croire que le danger vient de moi et que je vais oublier toutes ces victimes dont il n'a jamais eu le moindre souci !... » La terreur ? Edgar Morin n'avait pas encore publié son extraordinaire *Autocritique* – le meilleur document dont on dispose sur cette période. Je ne pouvais me douter à quel point le mot de Camus était exact.

Le débat se poursuivit donc et, sur la violence, c'est Camus qui fut violent. D'Astier répondit deux fois, indigné qu'on pût s'adresser à lui sur un tel ton. Mais déjà d'Astier recevait des renforts qu'il n'avait pas demandés et qu'il ne devait d'ailleurs pas approuver : on pouvait lui contester tout, sauf l'élégance. Les intellectuels du parti s'acharnèrent contre Camus et le tournèrent en dérision. Camus s'y attendait. Il m'avait dit : critiquer les communistes en ce moment, et prétendre rester à gauche, c'est défendre une impossible hérésie. Mais il estimait, tout comme aujourd'hui Marcuse, que « toute révolution est autotrahie » et que c'est avant, non après, qu'il faut se préparer à lutter contre les déviations. Il défendait de manière viscérale cette idée, on ne peut plus moderne, qu'on ne saurait en même temps représenter les masses sans les connaître et, de plus, parler en leur nom.

Sans doute tombait-il sous le reproche qu'il adressait aux autres : il croyait, lui, connaître les ouvriers. Il sacralisait non pas, comme Sartre, une classe ouvrière, mais un certain *groupe* dont le modèle était son oncle tonnelier. Silencieux, digne, pudiquement fraternel, anarcho-syndicaliste comme les ouvriers du livre, refusant toute hiérarchie, prêt à la violence mais seulement comme l'ultime recours, attaché aux libertés dites formelles et sceptique devant les doctrines qui promettent le bonheur pour demain et non pour aujourd'hui : tel était l'ouvrier sacralisé de Camus. Un ouvrier nécessairement méditerranéen puisque, même misérable, il aimait la vie. Personne ne pouvait lui ôter le soleil : il en avait donc. Et, avant de réclamer de lui qu'il sacrifie son soleil, il fallait lui donner les preuves que ce n'était pas simplement pour satisfaire à une exigence doctrinale.

Jean Daniel,
Le temps qui reste, Stock, 1973

« Je suis votre Augustin »

*Julien Green (1900-1998), écrivain catholique, a assisté à la conférence prononcée par Camus le dimanche 1er décembre 1946 au couvent des Dominicains de La Tour-Maubourg et recueillie en partie dans le premier volume d'*Actuelles *sous le titre « L'incroyant et les chrétiens ». « Je ne partirai jamais du principe que la vérité chrétienne est illusoire, mais seulement de ce fait que je n'ai pu y entrer », a prévenu Camus au début de sa conférence. C'est un homme fatigué que rencontre Julien Green.*

Il y a beaucoup trop de monde et les deux salons du premier étage sont pleins. On nous place au premier rang. Camus est assis à deux mètres en face de nous, derrière une petite table. À côté de lui, le Père Maydieu en robe blanche. Dans la pièce voisine, un dominicain se tient debout sur la cheminée et fume tranquillement sa pipe. Malade et visiblement las, Camus parle cependant d'une façon que je trouve fort émouvante de ce qu'on attend des catholiques dans la France de 1946. Il est émouvant bien malgré lui, sans aucune tentative d'éloquence ; c'est son honnêteté qui fait cela. Il parle rapidement, simplement, avec des notes. Dans son visage un peu blême, le regard est triste, et triste également son sourire. La conférence ayant pris fin, le Père Maydieu me demande si j'ai quelque chose à dire et je fais signe que non, ne pouvant répondre sans avoir au moins quelques minutes pour réfléchir. Ni Jean Wahl, ni Beuve-Méry, ni Pierre Leyris, ni Marcel Moré, qui sont présents, ne prendront la parole. Quelques auditeurs posent des questions, mais si maladroitement qu'ils auraient mieux fait de garder le silence. L'un d'eux, ex-révolutionnaire au visage candide, dit ceci qui fait tressaillir les uns et les autres : « J'ai la grâce, et vous, monsieur Camus, je vous le dis en toute humilité, vous ne l'avez pas... » La seule réponse de Camus est ce sourire dont j'ai parlé tout à l'heure, mais il dit un peu plus tard : « Je suis votre Augustin d'avant la conversion. Je me débats avec le problème du mal et je n'en sors pas. » Augustin, en effet, on pense à lui devant ce Latin d'Afrique du Nord qui cherche à savoir comment nous nous comporterions devant des Vandales.

Un autre auditeur qui l'a écouté avec attention se lève et dit : « Monsieur, je ne puis me décider en quarante secondes sur la conduite que j'aurai à suivre si l'Église est persécutée. Je veux y réfléchir toute ma vie.
– Monsieur, répond Camus, vous avez cinq ans. »

Julien Green, *Journal*,
Œuvres complètes, édition de J. Petit,
La Pléiade, Gallimard, tome V, 1977

« J'ai mal à l'Algérie »

Camus est mort quelques jours avant la semaine des barricades d'Alger (24 janvier-1er février 1960), un des nombreux tournants de cette guerre qui conduira, le 1er juillet 1962, à l'indépendance du pays. Cette indépendance, Camus n'en a jamais accepté l'idée, rêvant obstinément d'une solution fédérale qui protégerait la dignité des deux communautés. « J'ai mal à l'Algérie », confiait-il à ses proches. Refusant la violence des deux camps, il a vécu le conflit comme une tragédie.

Le colonisateur et le colonisé

Camus a dix-sept ans quand l'album du « Centenaire de la colonisation algérienne » (Édition d'Alger, 1930) présente, sous la signature de Ch. Hagel, un portrait de l'« homme algérien » (c'est-à-dire du colonisateur algérien) et de l'indigène. Le sentiment de supériorité de la majorité des Français d'Algérie vis-à-vis de ceux de la métropole n'a pas épargné Camus ; c'est bien la beauté des « corps bruns » de L'Été à Alger *et la hardiesse conquérante du « premier homme » qui sont célébrées par la propagande officielle. Mais on s'attachera davantage aux préjugés racistes ordinaires développés ici contre la population indigène. Camus grandit et se débat parmi eux, avant de les combattre.*

Physiquement l'homme algérien est vigoureux et bien pris, de haute stature et de solide charpente, réplique améliorée par les croisements des types originaux dont il procède. Dans l'ensemble, les femmes y sont d'une beauté première remarquable, plus répandue que dans n'importe quelle autre contrée du monde et à laquelle il ne manque que les artifices de l'élégance et les séductions plus difficiles à acquérir du charme et de la grâce pour être presque parfaite. Le sang est plus chaleureux et la vitalité plus grande puisque la natalité n'y sait pas les périclitements qu'elle connaît en France. Issu de ces trois groupes, l'homme algérien qui les coordonne et les marie diffère également de tous et constitue un type particulier.

Par le caractère et l'esprit, l'homme d'Afrique n'est ni plus ni moins, car c'est la langue et les mœurs qui l'emportent sur le sang, qu'un Français exagéré, aux réactions plus accusées, à la fois plus énergique et moins tenace, plus impulsif, plus pratique, plus généreux, imprévoyant, prodigue et tout à fait démuni de la manie avaricieuse et thésaurisatrice du terrien français. D'intelligence ouverte, plus intuitive et rapide et plus mêlée de malice et de ruse à cause des milieux divers et des fictions qui en résultent, il est actif, entreprenant, très audacieux, toujours à surélever au-dessus de ses ressources le niveau économique de sa vie et s'astreignant par là à travailler avec intensité. Avisé, il investira ses bénéfices dans de nouvelles exploitations, grossira ses entreprises, ce qu'hésite à faire le Français par peur du risque et par crainte des frais généraux, il achètera les machines les plus perfectionnées, les autos les plus rapides, donnera toujours, dans sa méfiance du médiocre et par optimisme, la préférence au produit le plus cher. Ses qualités de cœur, sa sensibilité, sa générosité sont à peu de chose près celles de l'homme de France, et s'il a pu paraître parfois un peu dur et brutal, c'est seulement au regard de gens jugeant à distance, ne connaissant rien des choses de l'Afrique et ne se doutant pas le moins du monde de l'énergie rapide avec laquelle il est indispensable de réagir contre la mauvaise foi, l'astuce et la perfidie des indigènes. Si l'on élevait une statue au mensonge, disaient déjà les soldats de Bugeaud, il faudrait lui mettre un burnous ; il ne faudrait pas l'oublier, ni non plus que l'on se trouve ici en présence d'hommes pour qui bonté égale faiblesse et qui ne respectent que la force. On espère même que l'exode chaque année plus considérable en France de travailleurs indigènes, que leurs hauts exploits, leurs coups de couteau, leurs vols et leurs attentats à la pudeur, fixeront là-dessus nos compatriotes de la métropole et les guériront de leur excessive sensiblerie.

Ch. Hagel, *Le Centenaire de la colonisation*, Édition d'Alger, 1930

« On ne peut pas rester dans cette impasse »

« C'était en janvier 1956. À cette époque, Albert Camus venait tous les deux jours à L'Express *pour y rédiger son article », se rappelle Jean Daniel, qui évoque ici sa réaction à l'envoi d'un « manifeste des intellectuels » contre la guerre d'Algérie. Quelques jours plus tard, Camus donnera sa démission du journal.*

« Non, me dit-il, ce n'est pas possible. On ne peut pas rester dans cette impasse, ce n'est pas sain, ce n'est pas fécond. Quand une idée réclame de nous qu'on lui sacrifie une révolte intérieure aussi totale, c'est que l'idée ne colle pas. On ne peut pas vivre dans le désaccord avec soi-même, c'est-à-dire, ici, qu'on ne peut pas se résigner aux méthodes du FLN, pas plus qu'au sacrifice de sa communauté. Notre communauté est faite des non-musulmans d'Algérie. Que l'on ne nous parle pas des Français, des Italiens, des Espagnols, ou des juifs. Il y a les musulmans, et il y a les autres. Chacun sait que c'est la vérité, et on fait semblant de ne pas le savoir. C'est stupide d'ailleurs, parce qu'à tout prendre cela ne prouve qu'une chose : la vitalité et la force de la personnalité musulmane en Algérie.

« Ce qui m'irrite le plus, dans une certaine forme parisienne de protestation contre le colonialisme français en Algérie, c'est la conception dérisoire et sommaire qu'elle implique. Il y a en effet une frivolité meurtrière dans cette vision d'une nation algérienne occupée qui cherche à se délivrer de l'occupant et qui, de ce fait, a le droit d'user de tous les moyens pour obtenir sa libération, c'est-à-dire aussi sa revanche sur les non-musulmans.

« En Algérie, il y a un problème de justice à rendre à des individus, un problème de réparation spectaculaire et totale à l'endroit d'un peuple dont j'ai pris toute ma vie la défense, et c'est le peuple musulman. Mais, précisément, parce qu'il s'agit d'un problème de justice, et que le peuple qui y a droit n'est pas seul sur le territoire qui est sa patrie, les moyens de cette justice sont à définir avec exigence. Tout cela, je le dirais avec moins d'aisance aux musulmans qui s'insurgent pour avoir été trop longtemps humiliés à une époque où Paris ne s'intéressait pas à leur sort. (C'est tout de même curieux que la violence fasse entrer l'Algérie dans les salons parisiens.) Pourtant, je suis sûr de mieux m'entendre avec un musulman du FLN qu'avec un professeur de Paris !

« Aujourd'hui, on nous parle de " nation algérienne ", et cela m'exaspère. Que le FLN, lui, combatte pour créer une nation, c'est son droit (et c'est même peut-être son devoir, je n'en sais rien, je dis que c'est concevable) ; qu'il veuille accréditer l'idée d'une nation préexistante à la conquête, encore une fois, pour lui, c'est de bonne guerre. Mais cela n'est pas vrai, nous savons bien que cela n'est pas vrai. Il y avait un État algérien, il y a aujourd'hui une patrie algérienne, et vous savez bien que tout cela n'a rien à voir avec le concept de *nation*. En tout cas, aujourd'hui, l'Algérie est un territoire habité par deux peuples, je dis bien deux peuples, l'un est musulman et l'autre ne l'est pas. Ce territoire, où l'administration est *française*, c'est-à-dire où la responsabilité est *parisienne*, se singularise par le fait que l'injustice et la misère y sévissent scandaleusement. Cela est vrai. Mais les deux peuples d'Algérie ont un droit égal à la justice, un droit égal à conserver leur patrie.

« Oui, une patrie. Non, une nation ! Il n'y a pas de nation algérienne. Il y a un nationalisme sans nation et ce nationalisme est musulman. Il y aura, en outre, si les formes continuent d'être ce qu'elles sont, un nationalisme européen. Et au bout du compte, si ces deux nationalismes s'exaspèrent l'un l'autre, ils ne parviendront qu'à s'enraciner davantage et nous aurons alors deux nations.

« Je veux bien combattre pour la justice. Je ne suis pas né pour me résigner à l'histoire. D'abord parce que je n'y crois pas, ensuite parce que mon devoir est de ne pas y croire. Ce n'est pas mon rôle. Ce ne peut être le rôle des intellectuels. Or, tous les arguments invoqués par les intellectuels pour justifier la violence musulmane contre les civils innocents impliquent la croyance dans une histoire, et une histoire juste. La répression française n'a aucune justification, aucune excuse, nous le disons ; il faut dire la même chose, si nous combattons pour la justice, au sujet des méthodes du FLN, qui voit dans chaque Français en Algérie un représentant du " colonialisme oppresseur ".

« Parce qu'il y a une question que je voudrais poser à bien des signataires du manifeste : " Combien faut-il d'années de présence dans un pays pour en faire partie ? " Si tous les pays ne sont que les produits de conquêtes successives et diverses, quel est le critère pour que la conquête soit juste ? Un historien peut répondre ; non un moraliste. La conquête arabe s'est installée par le massacre et le despotisme. Tout comme la conquête française. On peut parler, sans doute, de résurrection du monde arabe, d'expansionnisme islamique, de soumission *politique* (et non *morale* !) aux nouvelles forces du siècle, mais qu'est-ce que tout cela a à voir avec la justice ? Et puis, même dans ce cas, je veux dire dans le cas de la résignation nécessaire à l'histoire, j'exigerais alors des intellectuels qu'ils aient le ton de la résignation, et non celui de l'indignation. Mais ce sont de faux hégéliens : il ne leur suffit pas que l'histoire les domine, il leur faut que l'histoire, et ses « bavures », soit juste…

« Je vais plus loin, même *politiquement*, il s'agit d'une position funeste. Le problème algérien ne peut avoir d'autre solution que celle qui passe *aussi* par les Français d'Algérie. Cela est aussi inscrit dans l'histoire que le reste. Parce que je suis membre de la communauté française et que le reniement n'est pas mon fort, parce que je suis un intellectuel décidé à remplir mon rôle, parce que je suis certain aussi que cela est politiquement fécond, je ne veux pas, je me refuse de toutes mes forces à soutenir la cause de l'un des deux peuples d'Algérie au détriment de la cause de l'autre.

« Vous me direz : mais alors, à l'heure de la violence, que faire ? Eh bien, ne rien changer, quoi qu'il arrive, aux positions de principe. Il faut se battre pour la trêve, pour l'arrêt du massacre des innocents, pour l'établissement des conditions à la fois morales et politiques qui permettront un jour le dialogue. Et si nous n'avons plus d'autorité ni sur les uns ni sur les autres, eh bien, peut-être que pendant un moment il faudra se taire. »

Jean Daniel, « Camus »,
Études méditerranéennes, avril 1960

« Quand on n'a guère que le soleil pour bien »

Jules Roy (1907-2000), né en Algérie, quitta l'armée de l'air au moment de la guerre d'Indochine. Romancier, il se fit connaître par une grande saga sur l'histoire de la colonisation : Les Chevaux du soleil *(1967-1972). Révolté lui aussi par les injustices du colonialisme, il prendra parti pour l'indépendance de l'Algérie peu après la mort de Camus, qu'il avait rencontré aux lendemains de la Libération. Il justifie ici son ami de ne s'être pas résolu à un choix aussi radical que le sien.*

Ses ennemis reprochent à Camus de n'être pas allé au bout de tous ses choix et ricanent devant ce mot de justice qu'il a tant prononcé et devant ce mot de juste qu'il a voulu mériter. Il était d'un pays où, quand on n'a guère que le soleil pour bien, ces mots-là comptent plus que le pain ; et puis, parmi ses détracteurs, qui est allé aussi loin que lui ? Qui oserait jurer, en tout cas, que, de douleur en douleur, il n'aurait pas trouvé un passage dans la muraille du malheur et le moyen de définir une justice à la fois aussi exigeante et douce que la fidélité à sa mère ? Pour ceux qui voulaient le contraindre à un choix pour l'Algérie, le choix ne leur coûtait pas plus que s'il se fût agi des bédouins du désert de Gobi, et ils n'auraient pas seulement songé à se porter au secours des causes qu'il fut toujours le premier à défendre, alors même qu'on les jugeait perdues d'avance. Comment condamner un homme à qui le temps a manqué ? Les événements des deux années qu'il n'a pas eues pour décider ont pesé lourd dans l'appréciation des responsabilités réciproques des deux communautés algériennes et dans l'idée que j'ai pu me faire d'une fatalité à laquelle on ne pouvait plus échapper, et des forces qu'on ne pouvait plus nier. Il aurait pu installer sa mère dans sa maison de Lourmarin et, dès lors, considérer avec plus de sang-froid l'abîme de haine et de malheur où glissait peu à peu, avant d'y sombrer, la folie raciste des meneurs européens. Témoin des ratonnades, il aurait pu s'interposer encore et faire entendre un désaveu qui eût pesé lourd dans la prise de conscience et dans l'avenir de la communauté européenne. S'il ne l'a pas fait, c'est qu'il n'était plus là. Nul n'a le droit de lui reprocher quoi que ce soit sans renier ce mot de fraternité que la plupart des intellectuels prostituent sans rien connaître des devoirs qu'il implique. À ceux qui pensaient « que le frère doit périr plutôt que les principes », il déclarait qu'il n'était pas de leur race.

Le drame algérien ne se referme sur lui qu'avec le haut mur lisse de la mort. S'il a défendu la vie parce qu'elle laissait à sa famille au moins la chance d'être juste, la seule indignation qu'on puisse manifester ne saurait se traduire que par des larmes devant les arbres de la nationale 5 où il s'est écrasé, le 4 janvier 1960. Sa quête du bonheur pour les hommes est bien ce qu'il y a de plus haut dans le monde. Aujourd'hui, je me dis que, sans oser m'en faire la confidence, il m'a poussé à aller plus loin que lui. Ce qu'il ne pouvait pas faire parce qu'il était Camus, je ne l'aurais jamais fait s'il n'avait pas existé. C'est pourquoi je hausse les épaules quand on parle, à son propos, d'impasse. C'est d'une tragédie antique qu'il s'agit, dont Camus est le héros exemplaire et sublime.

Jules Roy,
in *Camus*, « Génies et réalités »,
Hachette, 1964

« Il a mésestimé le *fait national* algérien »

Albert Memmi, né à Tunis en 1920 de parents juifs arabophones, professeur de philosophie, s'est fait connaître par un roman autobiographique, La Statue de sel *(1953). En 1957, il publie* Portrait du colonisé, *précédé de* Portrait du colonisateur, *et, en 2004,* Portrait du décolonisé. *Lors du colloque de Nanterre sur Camus et la politique, il témoigne de son estime pour l'écrivain, et aussi de ses regrets.*

Je n'ai rien à dire sur Camus que vous ne sachiez déjà. Je peux en revanche vous proposer un témoignage : j'ai connu Camus à mon arrivée à Paris. Pour les jeunes écrivains nord-africains à Paris, il était la première personne que nous allions voir, à son bureau de la rue Sébastien-Bottin, chez Gallimard. Et la première question que nous lui posions était : « comment avez-vous fait ? » Comment avait-il fait pour devenir Albert Camus ?

Dans le débat qui opposa Sartre et Camus, et qui n'a pas cessé, je suis du côté de Camus, mais pour des raisons qui ne sont pas théoriques. Je suis d'autant plus embarrassé pour le dire qu'étant berbère de naissance et cultivant la reconnaissance et la fidélité, j'ai une égale dette envers les deux hommes. J'ai eu le bonheur d'être préfacé par l'un et par l'autre, par Camus pour *La Statue de sel*, par Sartre pour *Le Portrait du colonisé*.

Philosophe de formation, j'avais pour Sartre de l'admiration ; esprit d'une incroyable agilité, il était en outre un merveilleux pédagogue, qui savait écouter, encourager, même le tout jeune homme que j'étais. Mais c'était un commerce abstrait ; je ne suis pas sûr que Sartre ait vraiment compris ou plutôt senti nos problèmes. Avec Camus, j'avais l'impression d'être aussitôt sur le même registre émotif et sentimental.

Alors qu'est-ce que je reproche à Camus, si reproche il y a ? C'est difficile à dire en une formule simple : disons qu'il n'a pas été assez loin dans son propre sens, dans notre sens commun.

Camus était un Français d'Afrique du Nord, un pied-noir, viscéralement attaché à son terroir, comme nous tous. Et je ne lui fais pas grief de n'avoir su parler que des siens propres ; chacun doit parler de ce qu'il connaît le mieux. (Dirai-je même, au contraire, que je lui reprocherai plutôt de n'avoir pas assez, et plus ouvertement, parlé des siens : il aurait fallu commencer par ça, ou y venir. Il a été là-dessus d'une discrétion étonnante.) Mais lorsque les Algériens musulmans ont commencé à réclamer leur liberté politique, il n'a pas vu qu'il s'agissait d'une revendication nationale, il a mésestimé le *fait national* algérien. Il a cru, ou il a feint de croire, il a voulu croire longtemps que les Algériens musulmans voulaient simplement des réformes, pour continuer à vivre dans un ensemble français. Je regrette de le dire à Aït Ahmed, pour qui j'ai beaucoup d'estime : il est faux de prétendre que si les Français avaient fait des réformes à temps, nous aurions continué à vivre comme des frères. C'est faux, car, nous ne nous fréquentions déjà guère, chaque groupe vivait séparé des autres. Et ce que les Algériens musulmans réclamaient, à tort ou à raison, c'était la maîtrise complète de leur souveraineté et de leur personnalité. Surtout, à ses débuts, une jeune nation cherche à s'affirmer, même et souvent en excluant les autres. C'est un nouveau drame historique que cette exclusion des minorités, après le drame de la colonisation.

J'aurais voulu que Camus raconte ce drame, même en choisissant les siens, comme il l'a fait. Il a préféré se réfugier dans le normatif et crier au scandale devant le réel. Je le répète : il avait le droit de choisir les siens, cela il l'a dit : « Entre la justice et ma mère… », cette phrase me paraît tout à fait claire et pas du tout métaphysique. Mais on ne pouvait pas, en même temps, prétendre lutter pour la justice. Nous vivions un drame, nous oscillions entre l'attachement aux nôtres et les principes. Or si l'on est inconditionnellement solidaire des siens, on trahit la justice, si l'on a le respect inconditionnel de la justice, tôt ou tard on trahit les siens. Et les traîtres sont fusillés, symboliquement ou pour de bon. C'est un risque à prendre quand on est un clerc. Finalement, Camus ne l'a pas pris, malgré d'honorables tentatives.

Je regrette d'autant plus cette carence de Camus qu'il était plus armé que quiconque pour comprendre notre situation commune. Certes il a gagné sa place dans l'histoire des idées et de la sensibilité mais il n'a pas su faire *la philosophie de nos impossibilités*.

Cela dit, je voudrais affirmer avec force : tel qu'il était, avec son choix, et son immense talent, Camus représentait un aspect essentiel de l'Afrique du Nord et les Algériens s'honoreraient en le réintégrant pleinement dans leur tradition culturelle. Pourquoi pas, à Alger, une Grande Rue Albert-Camus ?

Albert Memmi, *Camus et la politique*, Colloque de Nanterre, L'Harmattan, 1986

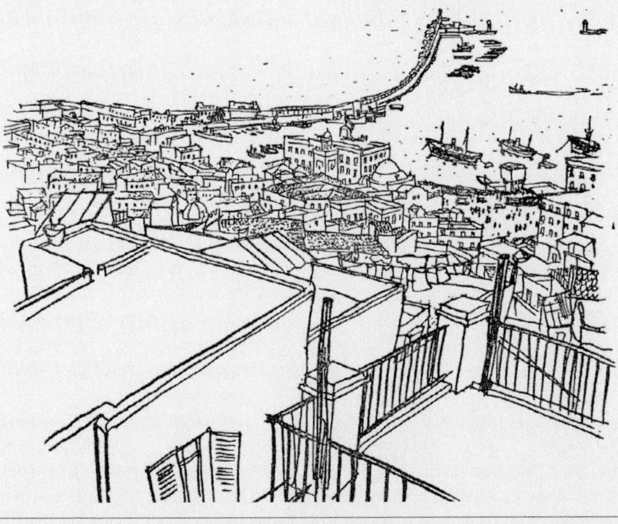

Regards sur l'œuvre

À son corps défendant parfois, Camus est apparu d'emblée comme un romancier novateur. Peut-être s'imposerait-il davantage, aujourd'hui, comme un écrivain majeur si son œuvre littéraire n'avait été lue à la lumière d'une pensée philosophique jugée facile ou fragile. Le prix Nobel consacra l'unité de l'œuvre au détriment de ses fulgurances. Après sa mort, on rendra plus volontiers hommage à la sincérité de l'humaniste qu'au génie du romancier.

« L'absurde est donc bien une forme d'humanisme tragique »

L'Étranger*, ouvrage précurseur du courant du « nouveau roman » ? Dans* Nature, humanisme, tragédie *(1958), étude recueillie dans* Pour un nouveau roman *(1963), Alain Robbe-Grillet éclaire cette filiation et ses limites. Le rapport de Meursault aux objets n'aboutit pas à une « réification » du monde, comme chez les « nouveaux romanciers », mais à une vision tragique de la condition humaine.*

Albert Camus, on le sait, a nommé absurdité l'abîme infranchissable qui existe entre l'homme et le monde, entre les aspirations de l'esprit humain et l'incapacité du monde à les satisfaire. L'absurde ne serait ni dans l'homme ni dans les choses, mais dans l'impossibilité d'établir entre eux un autre rapport que d'étrangeté.

Tous les lecteurs ont remarqué, néanmoins, que le héros de *L'Étranger* entretenait avec le monde une connivence obscure, faite de rancune et de fascination. Les relations de cet homme avec les objets qui l'entourent ne sont en rien innocentes : l'absurde entraîne constamment la déception, le retrait, la révolte. Il n'est pas exagéré de prétendre que ce sont les choses, très exactement, qui finissent par mener cet homme jusqu'au crime : le soleil, la mer, le sable éclatant, le couteau qui brille, la source entre les rochers, le revolver… Comme de juste, parmi ces choses, le principal rôle est occupé par la Nature.

Aussi le livre n'est-il pas écrit dans un langage aussi lavé que les premières pages peuvent le laisser croire. Seuls, en effet, les objets déjà chargés d'un contenu humain flagrant sont neutralisés, avec soin, et pour des raisons morales (tel le cercueil de la vieille mère, dont on nous décrit les vis, leur forme et leur degré d'enfoncement). À côté de cela nous découvrons, de plus en plus nombreuses à mesure que s'approche l'instant du meurtre, les métaphores classiques les plus révélatrices, nommant l'homme ou sous-tendues par son omniprésence : la campagne est « gorgée de soleil », le soir est « comme une trêve mélancolique », la route défoncée laisse voir la « chair brillante » du goudron, la terre est « couleur de sang », le soleil est une « pluie aveuglante », son reflet sur un coquillage est « une épée de lumière », la journée a « jeté l'ancre dans un océan de métal bouillant » – sans compter la « respiration » des vagues « paresseuses », le cap « somnolent », la mer qui « halète » et les « cymbales » du soleil…

La scène capitale du roman nous présente l'image parfaite d'une solidarité douloureuse : le soleil implacable est toujours « le même », son reflet sur la lame du couteau que tient l'Arabe « atteint » le héros en plein front et « fouille » ses yeux, la main de celui-ci se crispe sur le revolver, il veut « secouer » le soleil, il tire de nouveau, à quatre reprises. « Et c'était – dit-il – comme quatre coups brefs que je frappais sur la porte du malheur. »

L'absurde est donc bien une forme d'humanisme tragique. Ce n'est pas un constat de séparation entre l'homme et les choses. C'est une querelle d'amour, qui mène au crime passionnel. Le monde est accusé de complicité d'assassinat.

Quand Sartre écrit (dans *Situations I*) que *L'Étranger* « refuse l'anthropomorphisme », il nous donne, comme le montrent les citations précédentes, une vue incomplète de l'ouvrage. Sartre a sans doute remarqué ces passages, mais il pense que Camus, « infidèle à son principe, fait de la poésie ». Ne peut-on pas dire, plutôt, que ces métaphores sont justement l'explication du livre ? Camus ne refuse pas l'anthropomorphisme, il s'en sert avec économie et subtilité, pour lui donner plus de poids.

Tout est dans l'ordre, puisqu'il s'agit, en fin de compte, ainsi que Sartre le note, de nous exposer, suivant le mot de Pascal, « le malheur naturel de notre condition ».

Alain Robbe-Grillet,
Pour un nouveau roman, Minuit, 1963

« Son humanisme têtu, étroit et pur »

Plus de sept années après leur brouille, Sartre rompt, au lendemain de la mort de Camus, le silence sur son ancien ami. Son éloge funèbre, paru dans France-Observateur *du 7 janvier 1960, compte parmi les plus émouvants qui aient été rendus à Camus. Que ne lui a-t-il rendu un peu plus tôt justice ?*

Il y a six mois, hier encore, on se demandait : *« Que va-t-il faire ? »* Provisoirement, déchiré par des contradictions qu'il faut respecter, il avait choisi le silence. Mais il était de ces hommes rares, qu'on peut bien attendre parce qu'ils choisissent lentement et restent fidèles à leur choix. Un jour, il parlerait. Nous n'aurions pas même osé risquer une conjecture sur ce qu'il dirait. Mais nous pensions qu'il changeait avec le monde comme chacun de nous : cela suffisait pour que sa présence demeurât vivante.

Nous étions brouillés, lui et moi : une brouille, ce n'est rien – dût-on ne jamais se revoir – tout juste une autre manière de vivre *ensemble* et sans se perdre de vue dans le petit monde étroit qui nous est donné. Cela ne m'empêchait pas de penser à lui, de sentir son regard sur la page du livre, sur le journal qu'il lisait et de me dire : « Qu'en dit-il ? Qu'en dit-il *en ce moment* ? »

Son silence que, selon les événements et mon humeur, je jugeais parfois trop prudent et parfois douloureux, c'était une qualité de chaque journée, comme la chaleur ou la lumière, mais *humaine*. On vivait avec ou contre sa pensée, telle que nous la révélaient ses livres – *La Chute*, surtout, le plus beau peut-être et le moins compris – mais toujours à travers elle. C'était une aventure singulière de notre culture, un mouvement dont on essayait de deviner les phases et leur terme final.

Il représentait en ce siècle, et contre l'Histoire, l'héritier actuel de cette longue lignée de moralistes dont les œuvres constituent peut-être ce qu'il y a de plus original dans les lettres françaises. Son humanisme têtu, étroit et pur, austère et sensuel, livrait un combat douteux contre les événements massifs et difformes de ce temps. Mais, inversement, par l'opiniâtreté de ses refus, il réaffirmait, au cœur de notre époque, contre les machiavéliens, contre le veau d'or du réalisme, l'existence du fait moral.

Il *était* pour ainsi dire cette inébranlable affirmation. Pour peu qu'on lût ou qu'on réfléchît, on se heurtait aux valeurs humaines qu'il gardait dans son poing serré : il mettait l'acte politique en question. Il fallait le tourner ou le combattre : indispensable, en un mot, à cette tension qui fait la vie de l'esprit. Son silence même, ces dernières années, avait un aspect positif : ce cartésien de l'absurde refusait de quitter le sûr terrain de la moralité et de s'engager dans les chemins incertains de la *pratique.* Nous le devinions et nous devinions aussi les conflits qu'il taisait : car la morale, à la prendre seule, exige à la fois la révolte et la condamne.

Nous attendions, il fallait attendre, il fallait savoir : quoi qu'il eût pu faire ou décider par la suite, Camus n'eût jamais cessé d'être une des forces principales de notre champ culturel, ni de représenter à sa manière l'histoire de la France et de ce siècle. Mais nous eussions su peut-être et compris son itinéraire. Il avait tout fait – toute une œuvre – et comme toujours, tout restait à faire. Il le disait : *« Mon œuvre est devant moi. »* C'est fini. Le scandale particulier de cette mort, c'est l'abolition de l'ordre des hommes par l'inhumain.

L'ordre humain n'est qu'un désordre encore, il est injuste, précaire, on y tue, on y meurt de faim : du moins est-il fondé, maintenu et combattu par des hommes. Dans cet ordre-là, Camus devait vivre : cet homme en marche nous mettait en question, était lui-même une question qui cherchait sa réponse ; il vivait *au milieu d'une longue vie* ; pour nous, pour lui, pour les hommes qui font régner l'ordre et pour ceux qui le refusent, il était important qu'il sortît du silence, qu'il décidât, qu'il conclût. D'autres meurent vieux, d'autres, toujours en sursis, peuvent mourir à chaque minute sans que le sens de leur vie, de *la* vie en soit changé. Mais, pour nous, incertains, déboussolés, il *fallait* que nos meilleurs hommes arrivent au bout du tunnel. Rarement, les caractères d'une œuvre et les conditions du moment historique ont exigé si clairement qu'un écrivain vive.

L'accident qui a tué Camus, je l'appelle scandale parce qu'il fait paraître au cœur du monde humain l'absurdité de nos exigences les plus profondes. Camus, à vingt ans, brusquement frappé d'un mal qui bouleversait sa vie, a découvert l'absurde – imbécile négation de l'homme. Il s'y est fait, il a *pensé* son insupportable condition, il s'est tiré d'affaire. Et l'on croirait pourtant que ses premières œuvres seules disent la vérité de sa vie, puisque ce malade guéri est écrasé par une mort imprévisible et venue d'ailleurs. L'absurde, ce serait cette question que nul ne lui pose plus, qu'il ne pose plus à personne, ce silence qui n'est même plus un silence, qui n'est absolument plus *rien*.

Je ne le crois pas. Dès qu'il se manifeste, l'inhumain devient partie de l'humain. Toute vie arrêtée – même celle d'un homme si jeune – c'est *à la fois* un disque qu'on casse et une vie complète. Pour tous ceux qui l'ont aimé, il y a dans cette mort une absurdité insupportable. Mais il faudra apprendre à voir cette œuvre mutilée comme une œuvre totale.

Dans la mesure même où l'humanisme de Camus contient une attitude *humaine* envers la mort qui devait le surprendre, dans la mesure où sa recherche orgueilleuse du bonheur impliquait et réclamait la nécessité *inhumaine* de mourir, nous reconnaîtrons dans cette œuvre et dans la vie qui n'en est pas séparable la tentative pure et victorieuse d'un homme pour reconquérir chaque instant de son existence sur sa mort future.

Jean-Paul Sartre,
France-Observateur, n° 505, 7 janvier 1960

« Une impitoyable lucidité »

Philosophe et professeur de philosophie de Camus, Jean Grenier (1898-1971) évoque la figure et l'œuvre de son ancien élève.

La manière qu'il avait d'aller jusqu'au bout de sa pensée faisait donc qu'il était entendu de tous, et cela d'autant plus qu'il ne cherchait pas tant à tracer un portrait de lui-même qu'à exprimer, comme ont fait les classiques, une vérité valable pour tous, et non pas *sa* vérité. C'est peut-être ce double caractère – l'absolu dans l'expression et l'absolu dans la conception qui, malgré lui, l'ont fait considérer comme un prophète et ont fait consulter ses livres comme autant de passages de la Bible.

Or si jamais Albert Camus a cru à une « mission », cette conception a pris chez lui un caractère particulier : l'écriture, la parole, tout ce qui était *expression* avait d'autant plus d'importance pour lui que la culture lui avait été une révélation. Vivant dans un milieu peu aisé (dont on a exagéré la gêne) entre une mère silencieuse, un oncle sourd et peu communicatif, une grand-mère qui ne parlait que pour les besoins de la vie courante il ne pouvait qu'être surpris, puis ébloui, par les splendeurs de la vie révélées par les livres. Aussi la bibliothèque populaire consultée à certaines heures, l'école, le lycée, l'université lui ouvrirent-ils un monde enchanté.

Camus et Jean Grenier vers 1951.

Enchanté ? Non, ce terme n'est pas juste : il faut dire plutôt une terre promise, ou mieux : le dévoilement d'une réflexion du genre humain tout entier sur la condition qui lui était faite. Des millions d'hommes avaient collaboré à cette tâche qui était loin d'être finie. On pouvait donc profiter de leur expérience, on pouvait s'apercevoir que leurs sentiments étaient analogues aux vôtres ou se demander pourquoi leurs vues étaient différentes, bref, on ne se sentait plus seul, car la solidarité des corps n'est rien à côté de celle des esprits. Cette révélation était aussi un rappel : la fréquentation des bibliothèques et des musées, des concerts, du théâtre, invitait à créer des œuvres, et à faire quelque chose qui ne fût pas un simple travail s'ajoutant à d'autres. Il y avait, comme disait Michelet, une « Bible de l'humanité ».

Aussi le respect – on devrait dire la vénération – pour ce qu'on appelle aujourd'hui la culture est-elle grande et peut-elle entraîner des conséquences infiniment plus importantes chez quelqu'un qui n'a pas vécu dans un milieu dit cultivé dans son enfance, qui n'a pas vu manier des livres autour de lui. Celui-là a plus de chances que d'autres de ne pas traiter les choses de l'esprit comme des objets de prostitution, passant d'un auteur à l'autre par pur caprice, ou bien les classant sous des étiquettes et les rangeant sous vitrine, par souci d'érudition.

Dilettante ou rat de bibliothèque, voilà ce qu'on devient facilement quand on a fréquenté un peu trop les milieux littéraires ou qu'on a fait la chasse aux diplômes. Si l'on échappe à ces deux dangers, on a des chances de trouver dans la culture un incomparable moyen d'exaltation de soi-même et des autres.

Cette manière de voir conduisait au rigorisme dans le langage – ce qui faisait croire à toutes sortes d'autres rigorismes dans d'autres domaines. Elle pouvait n'être pas bien comprise par ceux qui, comme moi, n'attachaient qu'une importance relative au langage humain et même à là pensée humaine, parce qu'ils en attachaient peut-être une trop grande à autre chose.

Finalement il me paraît vraiment très difficile de faire ressortir l'unité dans la complexité d'un caractère tel que celui-là. Prophète ? Non, il ne voulait pas l'être et ne se sentait pas désigné pour l'être. Chargé d'une mission ? Oui, mais quasi malgré lui, parce qu'ayant éprouvé à fond ce que l'homme peut endurer de douleur et de solitude, il ne pouvait se détacher du sentiment que « les autres » étaient lui-même à une certaine profondeur et que lui-même n'était différent d'eux que par une impitoyable lucidité, lucidité qui lui inspirait une compassion. Ce dernier mot est bien usé aujourd'hui.

Jean Grenier,
Souvenirs, Gallimard, 1968

Portrait de Sisyphe en athlète

Camus, sportif rayonnant de bonheur ; Camus portant sur ses épaules le tragique de la condition humaine. François Mauriac concilie les deux images.

Jeudi 10 décembre 1964

Hier soir, avant de m'endormir, je lisais au hasard, les *Carnets* d'Albert Camus. Je suis tombé sur cet aveu que la tentation contre laquelle il dut lutter toute sa vie fut le cynisme. Je m'étonne d'abord, et puis je crois comprendre. Certes, le Camus dressé contre le monde absurde, le Camus dur et pur, voué à la défense de l'homme, était le contraire d'un hypocrite, mais il dissimulait un autre Camus, adorateur de la mer et du soleil, et qui d'abord n'aima que l'amour au sens le plus physique. Et puis, à mesure qu'il s'éloigne de sa première jeunesse, on entrevoit que la primauté est donnée aux passions du cœur, à leurs orages et à leurs désastres. Ce Sisyphe ne roulait pas son rocher. Il grimpait dessus et, de là, piquait une tête dans la mer… S'il fut crucifié lui aussi, ce ne fut pas à la condition humaine, dont il s'accommodait avec délices, mais à la maladie. Il fut atteint dans ce corps, source de joie…

François Mauriac,
Le Nouveau Bloc-Notes,
Flammarion, 1968

La voix de Camus

« Dans la société intellectuelle, je ne sais pourquoi, j'ai toujours l'impression d'avoir quelque chose à me faire pardonner. J'ai sans cesse la sensation d'avoir enfreint une des règles du clan. Cela m'enlève du naturel, bien sûr et, privé de naturel, je m'ennuie moi-même. » Où faut-il chercher la voix « naturelle » de Camus ? Dans ces élans lyriques qu'il se fait ordinairement un devoir de réprimer ? Dans les formules de feu du journaliste combattant ? Ou dans sa correspondance, où se perçoit un goût de la plaisanterie familier à ceux qui l'ont connu et dont son œuvre a, trop rarement peut-être, recueilli l'écho ?

Rêver la vie

En avril 1933, Camus vient de terminer La Maison mauresque, *qu'on peut considérer comme son premier vrai texte. La longue phrase qui clôt ce fragment n'aura guère d'équivalent dans les œuvres suivantes, même dans* Noces, *où Camus semble contenir son lyrisme.*

L'ENTRÉE

Je me suis avancé sur une terrasse d'où on surprenait toute la ville arabe et la mer.

Avec les vols de mouettes s'adoucit le soir et la ville qui oublie ses violentes couleurs du jour s'assombrit de tristesse par degrés. Mais, rebelle et contredisant l'heure, le mouvement brutal de la descente vers la mer reste, si les couleurs se diluent lentement. La paix qui descend du ciel est inquiétée par les maisons qui se bousculent jusque vers l'eau qu'elles heurtent sans transition. Leurs coups de coude creusent des rues, des impasses, des remous de terrasses qui grimacent des insultes au calme du soir. Sensible et belle d'impunité, c'est une foule bien vivante qui descend vers l'eau. Son agitation est si vraie, si humaine qu'on lui en veut presque de ne point crier. Des cris briseraient la cruelle opposition qui s'étoffe et se nourrit dans le silence.

Mais il faut alors oublier la ville et, très loin, regarder la mer, plate, sereine, où les remorqueurs tracent de grandes lignes droites qui s'épanouissent en frissons écumeux. Il faut la regarder fuir largement vers les premières étoiles qui se dénudent, pures, impudiques. Alors, le calme des eaux rejoint celui des cieux, tandis qu'en deçà du regard, la ville en vain s'évertue à troubler cette fugitive harmonie.

Lorsque la nuit a recouvert le ciel, je suis allé jusqu'au port. J'ai longtemps regardé les feux d'un paquebot dans les eaux sombres. Mon inquiétude est alors revenue comme je regardais ce primordial mélange d'eau et de lumière dont on n'aurait dit si l'eau brassait la lumière ou si la lumière noyait l'eau. L'inquiétude devant, encore, le conflit de deux éléments. Rythme binaire, atroce, jazz despotique et cruel, sans nostalgie, devant l'eau et la lumière, la ville et le ciel, toujours.

Comme ces voix sans sexe qui dans les cathédrales montent d'un trait jusqu'aux plus hautes voûtes tandis que la masse obscure du chœur se tait pour donner plus de prix à cette flèche ardente, comme ces voix dont la supplication se tend désespérément, sans une défaillance, jusqu'à la mort finale, comme ces voix mystiques qui se grisent de leur mysticisme et oublient les dômes qui les séparent de Dieu, comme ces voix tenaces et soutenues, avides et extasiées, comme ces plaintes orgueilleuses qu'on ne comprend que dans la sensualité de l'Église, comme ces voix enfin qui ne trouvent pas en cherchant mais en se donnant, j'avais rêvé la vie.

Albert Camus, *La Maison mauresque*, *in* Paul Viallaneix, *Le Premier Camus*, « Cahiers Albert Camus », vol. 2, Gallimard, 1973

« La nuit de la vérité »

Après avoir écrit pendant de nombreux mois dans Combat *clandestin, Camus peut publier au grand jour l'éditorial du journal qui salue la libération de Paris. L'heure n'est pas seulement au soulagement, mais à la gravité : « de durs combats nous attendent encore ».*

Tandis que les balles de la liberté sifflent encore dans la ville, les canons de la libération franchissent les portes de Paris, au milieu des cris et des fleurs. Dans la plus belle et la plus chaude des nuits d'août, le ciel de Paris mêle aux

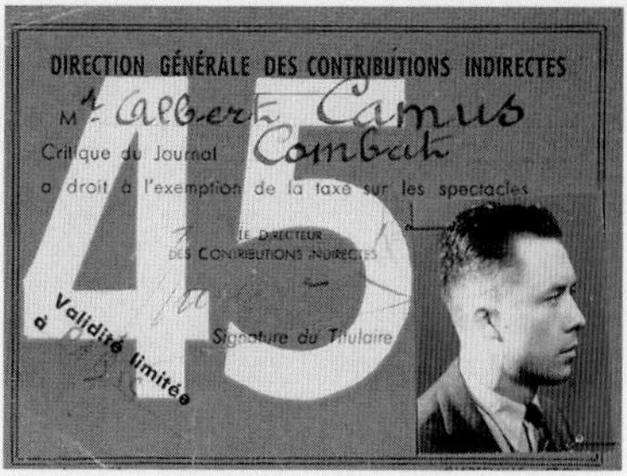

Carte de Camus à *Combat* en 1945.

étoiles de toujours les balles traçantes, la fumée des incendies et les fusées multicolores de la joie populaire. Dans cette nuit sans égale s'achèvent quatre ans d'une histoire monstrueuse et d'une lutte indicible où la France était aux prises avec sa honte et sa fureur.

Ceux qui n'ont jamais désespéré d'eux-mêmes ni de leur pays trouvent sous ce ciel leur récompense. Cette nuit vaut bien un monde, c'est la nuit de la vérité. Le vérité en armes et au combat, la vérité en force après avoir été si longtemps la vérité aux mains vides et à la poitrine découverte. Elle est partout dans cette nuit où peuple et canon grondent en même temps. Elle est la voix même de ce peuple et de ce canon, elle a le visage triomphant et épuisé des combattants de la rue, sous les balafres et la sueur. Oui, c'est bien la nuit de la vérité et de la seule qui soit valable, celle qui consent à lutter et à vaincre.

Il y a quatre ans, des hommes se sont levés au milieu des décombres et du désespoir et ont affirmé avec tranquillité que rien n'était perdu. Ils ont dit qu'il fallait continuer et que les forces du bien pouvaient toujours triompher des forces du mal à condition de payer le prix. Ils ont payé le prix. Et ce prix sans doute a été lourd, il a eu tout le poids du sang, l'affreuse pesanteur des prisons. Beaucoup de ces hommes sont morts, d'autres vivent depuis des années entre des murs aveugles. C'était le prix qu'il fallait payer. Mais ces mêmes hommes, s'ils le pouvaient, ne nous reprocheraient pas cette terrible et merveilleuse joie qui nous emplit comme une marée.

Car cette joie ne leur est pas infidèle. Elle les justifie au contraire et elle dit qu'ils ont eu raison. Unis dans la même souffrance pendant quatre ans, nous le sommes encore dans la même ivresse, nous avons gagné notre solidarité. Et nous reconnaissons avec étonnement dans cette nuit bouleversante que pendant quatre ans nous n'avons jamais été seuls. Nous avons vécu les années de la fraternité.

De durs combats nous attendent encore. Mais la paix reviendra sur cette terre éventrée et dans ces cœurs torturés d'espérances et de souvenirs. On ne peut pas toujours vivre de meurtres et de violence. Le bonheur, la juste tendresse, auront leur temps. Mais cette paix ne nous trouvera pas oublieux. Et pour certains d'entre nous, le visage de nos frères défigurés par les balles, la grande fraternité virile de ces années ne nous quitteront jamais. Que nos camarades morts gardent pour eux cette paix qui nous est promise dans la nuit haletante et qu'ils ont déjà conquise : notre combat sera le leur.

Rien n'est donné aux hommes, et le peu qu'ils peuvent conquérir se paye de morts injustes. Mais la grandeur de l'homme n'est pas là. Elle est dans sa décision d'être plus fort que sa condition. Et si sa condition est injuste, il n'a qu'une façon de la surmonter qui est d'être juste lui-même. Notre vérité de ce soir, celle qui plane dans ce ciel d'août, fait justement la consolation de l'homme. Et c'est la paix de notre cœur comme c'était celle de nos camarades morts de pouvoir dire, devant la victoire revenue, sans esprit de retour ni de revendication : « Nous avons fait ce qu'il fallait. »

« La nuit de la vérité »,
texte recueilli dans *Actuelles (1950)*
et dans *Camus à Combat*

Retour au lyrisme

Dans Le Premier Homme, *Camus revient au lyrisme débridé de* La Maison mauresque. *Dans la deuxième partie, « Le fils ou le premier homme », c'est une phrase de quatre-vingt-dix lignes qui évoque les jeux d'enfant de Jacques Cormery.*

Mais était-ce là tout, ces gestes, ces jeux, cette audace, cette fougue, la famille, la lampe à pétrole et l'escalier noir, les palmes dans le vent, la naissance et le baptême dans la mer, et pour finir ces étés obscurs et laborieux ? Il y avait cela, oh oui, c'était ainsi, mais il y avait aussi la part obscure de l'être, ce qui en lui pendant toutes ces années avait remué sourdement comme ces eaux profondes qui sous la terre, du fond des labyrinthes rocheux, n'ont jamais vu la lumière du jour et reflètent cependant une lueur sourde, on ne sait d'où venue, aspirée peut-être du centre rougeoyant de la terre par des capillaires pierreux vers l'air noir de ces antres enfouis, et où des végétaux gluants et [compressés] prennent encore leur nourriture pour vivre là où toute vie semblait impossible. Et ce mouvement aveugle en lui, qui n'avait jamais cessé, qu'il éprouvait encore maintenant, feu noir enfoui en lui comme un de ces feux de tourbe éteints à la surface mais dont la combustion reste à l'intérieur, déplaçant les fissures extérieures de la tourbe et ces grossiers remous végétaux, de sorte que la surface boueuse a les mêmes mouvements que la tourbe des marais, et de ces ondulations épaisses et insensibles naissaient encore en lui, jour après jour, les plus violents et les plus terribles de ses désirs comme ses angoisses désertiques, ses nostalgies les plus fécondes, ses brusques exigences de nudité et de sobriété, son aspiration à n'être rien aussi, oui ce mouvement obscur à travers toutes ces années s'accordait à cet immense pays autour

Catherine Sintès, la mère de Camus, à qui il dédia *Le Premier Homme* : « À toi qui ne pourras jamais lire ce livre... »

de lui dont, tout enfant, il avait senti la pesée avec l'immense mer devant lui, et derrière lui cet espace interminable de montagnes, de plateaux et de désert qu'on appelait l'intérieur, et entre les deux le danger permanent dont personne ne parlait parce qu'il paraissait naturel mais que Jacques percevait lorsque, dans la petite ferme aux pièces voûtées et aux murs de chaux de Birmandreis, la tante passait au moment du coucher dans les chambres pour voir si on avait bien tiré les énormes verrous sur les volets de bois pleins et épais, pays où précisément il se sentait jeté, comme s'il était le premier habitant, ou le premier conquérant, débarquant là où la loi de la force régnait encore et où la justice était faite pour châtier impitoyablement ce que les mœurs n'avaient pu prévenir, avec autour de lui ce peuple attirant et inquiétant, proche et séparé, qu'on côtoyait au long des journées, et parfois l'amitié naissait, ou la camaraderie, et, le soir venu, ils se retiraient pourtant dans leurs maisons inconnues, où l'on ne pénétrait jamais, barricadées aussi avec leurs femmes qu'on ne voyait jamais ou, si on les voyait dans la rue, on ne savait pas qui elles étaient, avec leur voile à mi-visage et leurs beaux yeux sensuels et doux au-dessus du linge blanc, et ils étaient si nombreux dans les quartiers où ils étaient concentrés, si nombreux que par leur seul nombre, bien que résignés et fatigués, ils faisaient planer une menace invisible qu'on reniflait dans l'air des rues certains soirs où une bagarre éclatait entre un Français et un Arabe, de la même manière qu'elle aurait éclaté entre deux Français et deux Arabes, mais elle n'était pas accueillie de la même façon, et les Arabes du quartier, vêtus de leurs bleus de chauffe délavés ou de leur djellabah misérable, approchaient lentement, venant de tous côtés d'un mouvement continu, jusqu'à ce que la masse peu à peu agglutinée éjecte de son épaisseur, sans violence, par le seul mouvement de sa réunion, les quelques Français attirés par des témoins de la bagarre et que le Français qui se battait, reculant, se trouve tout d'un coup en face de son adversaire et d'une foule de visages sombres et fermés qui lui auraient enlevé tout courage si justement il n'avait pas été élevé dans ce pays et n'avait su que seul le courage permettait d'y vivre, et il faisait face alors à cette foule menaçante et qui ne menaçait rien pourtant, sinon par sa présence et le mouvement qu'elle ne pouvait s'empêcher de prendre, et la plupart du temps c'étaient eux qui maintenaient l'Arabe qui se battait avec fureur et ivresse pour le faire partir avant l'arrivée des agents, vite prévenus et vite rendus, et qui embarquaient sans discussion les combattants, passants, malmenés sous les fenêtres de Jacques pour aller au commissariat. « Les pauvres », disait sa mère en voyant les deux hommes solidement empoignés et poussés aux épaules, et, après leur départ, la menace, la violence, la peur rôdaient pour l'enfant dans la rue, lui séchant la gorge d'une angoisse inconnue.

Albert Camus,
Le Premier Homme, Gallimard, 1994

« Moitié, moitié »

Camus est à Lourmarin. Une semaine plus tard, il trouvera la mort sur la route de Paris. Sa dernière lettre à Jean Grenier, datée du 28 décembre 1959, donne une définition plausible de son œuvre : celle-ci traite à la fois – s'il faut parler sérieusement – de l'amour et du tragique.

[Lourmarin] 28 décembre 1959

Cher ami,

Je vous envoie des vœux, qui ne sont pas seulement de tradition, pour vous et les vôtres. Ils viennent du cœur, vous le savez, et tout ce qui vous rend heureux ou simplement satisfait me réjouit. Je voudrais surtout que l'année prochaine vous trouve tout à fait installé à Paris avec un travail qui vous intéresse sans trop vous fatiguer.

Depuis le 15 novembre, je me suis retiré ici pour travailler et j'ai en effet travaillé. Les conditions de travail pour moi ont toujours été celles de la vie monastique : la solitude et la frugalité. Elles sont, sauf pour la frugalité, contraires à ma nature, si bien que le travail est une violence que je me fais. Mais il le faut. Je rentrerai au début de janvier à Paris puis repartirai, et je crois bien que cette alternance est la manière la plus efficace de concilier mes vertus et mes vices, ce qui est finalement la définition du savoir-vivre. Ce pays, en tout cas, ne cesse pas d'être beau et enrichissant pour moi, et j'y ai trouvé la paix. (Votre petit-fils a essayé de la troubler mais n'a pas reçu bon accueil et s'est replié en bon ordre à Z.) Je serais bien content si vous veniez un jour passer quelque temps dans cette maison.

J'espérais recevoir la nouvelle édition des *Îles*. A-t-on retardé sa parution ? Je me suis rabattu sur les chroniques de *Preuves*, qui me font honte de mon ignorance devant tant de peintres. Quand j'aurai fini mon livre, et si je le finis, je me mettrai au travail pour réparer mes fautes. Il est vrai qu'à la saison prochaine, je serai mobilisé par Malraux pour alimenter en vertus tragiques les Français qui s'en foutent drôlement. Un gendarme qui a arrêté ma voiture il y a quelques jours m'a demandé ce que j'écrivais (ma profession est sur ma carte grise). J'ai dit, pour simplifier, « des romans ». « À l'eau de rose ou policiers », m'a-t-il demandé avec l'accent. Entre les deux, il n'y a rien ! J'ai donc répondu « moitié, moitié ».

À bientôt, cher ami. Je pense souvent, très souvent, à vous, et toujours avec le même cœur.

Affectueusement à vous et à votre famille.

Albert Camus

Albert Camus-Jean Grenier,
Correspondance (1932-1960),
Gallimard, 1981

BIBLIOGRAPHIE

Œuvres de Camus

– *Révolte dans les Asturies* (œuvre collective), Charlot, Alger, 1936.
– *L'Envers et l'Endroit*, Charlot, Alger, 1937.
– *Noces*, Charlot, Alger, 1939.
– *L'Étranger*, Gallimard, 1942.
– *Le Mythe de Sisyphe*, Gallimard, 1942.
– *Le Malentendu* suivi de *Caligula*, Gallimard, 1944.
– *Lettres à un ami allemand*, Gallimard, 1945.
– *La Peste*, Gallimard, 1947.
– *L'État de siège*, Gallimard, 1948.
– *Les Justes*, Gallimard, 1950.
– *Actuelles. Chroniques (1944-1948)*, Gallimard, 1950.
– *L'Homme révolté*, Gallimard, 1951.
– « La Vie d'artiste », *Simoun*, nº 8, 1953.
– *Les Esprits* (d'apr. Pierre de Larivey), Gallimard, 1953.
– *La Dévotion à la Croix* (d'apr. Calderón), Gallimard, 1953.
– *Actuelles II. Chroniques (1948-1953)*, Gallimard, 1953.
– *L'Été*, Gallimard, 1954.
– *Un cas intéressant* (d'apr. Dino Buzzati), L'Avant-scène, 1955.
– *La Chute*, Gallimard, 1956.
– *Requiem pour une nonne* (d'après W. Faulkner), Gallimard, 1956.
– *L'Exil et le Royaume*, Gallimard, 1957.
– « Réflexions sur la guillotine », *La Nouvelle Revue française*, juin-juillet 1957.
– *Le Chevalier d'Olmedo* (d'apr. Lope de Vega), Gallimard, 1957.
– *Discours de Suède,* Gallimard, 1958.
– *Actuelles III. Chroniques algériennes (1939-1958)*, Gallimard, 1958.
– *Les Possédés* (d'apr. Dostoïevski), Gallimard, 1959.

Publications posthumes

– *Carnets (mai 1935-février 1942)*, Gallimard, 1962.
– *Théâtre, récits, nouvelles*, édition de Roger Quilliot, La Pléiade, Gallimard, 1962.
– *Carnets II (janvier 1942-mars 1951)*, Gallimard, 1964.
– *La Postérité du soleil*, Edwin Engelberts, Genève, 1965.
– *Essais*, édition de Roger Quilliot, La Pléiade, Gallimard, 1965.
– *La Mort heureuse*, Gallimard, 1971.
– *Écrits de jeunesse*, édition de P. Viallaneix, Cahiers Albert Camus, 2, 1973.
– *Journaux de voyage*, édition de R. Quilliot, Gallimard, 1978.
– *Fragments d'un combat (1938-1940, Alger républicain)*, édition de J. Lévi-Valensi et A. Abbou, Gallimard, 1978, 2 vol.
– *Carnets III (mars 1951-décembre 1959)*, Gallimard, 1989.
– *Le Premier Homme*, Gallimard, 1994.
– *Camus à « Combat »*, édition de J. Lévi-Valensi, Gallimard, 2002.
– *Œuvres complètes* (en préparation), La Pléiade, Gallimard, nouvelle édition (t. I et II, 2006 ; t. III et IV, 2008).

Correspondances

– *Albert Camus-Jean Grenier, Correspondance (1932-1960)*, Gallimard, 1981.
– *Albert Camus-Pascal Pia, Correspondance (1939-1947)*, Fayard/Gallimard, 2000.

Biographies et témoignages

– *Albert Camus*, coll. « Génies et réalités », Hachette, 1964.
– *Albert Camus,* iconographie choisie et commentée par Roger Grenier, La Pléiade, Gallimard, 1982.
– Grenier, Jean, *Albert Camus. Souvenirs*, Gallimard, 1968.
– Lottman, Herbert R., *Albert Camus*, trad. française, Le Seuil, 1978.
– Rondeau, Daniel, *Camus ou les promesses de la vie*, Société des éditions Mengès, 2005.
– Todd, Olivier, *Albert Camus. Une vie*, Gallimard, 1996.
– Vircondelet, Alain, *Albert Camus. Vérités et légendes*, Éditions du Chêne, 1998.

Études critiques générales

– *Albert Camus, œuvre fermée, œuvre ouverte ?* textes réunis par R. Gay-Crosier et J. Lévi-Valensi, Cahiers Albert Camus, 5, Gallimard, 1985.
– *Albert Camus, les extrêmes et l'équilibre*, textes réunis par D. Walker, Rodopi, Amsterdam-Atlanta, 1994.
– *Camus et le lyrisme*, textes réunis par J. Lévi-Valensi et A.Spiquel, SEDES, 1997.
– Grenier, Roger, *Albert Camus. Soleil et ombre. Une biographie intellectuelle*, Gallimard, 1987 ; Folio, 1991.
– Lévi-Valensi, Jacqueline, *Les Critiques de notre temps et Camus*, Garnier, 1970.
– Rey, Pierre-Louis, *Camus. Une morale de la Beauté*, SEDES, 2000.

La pensée

– Chabot, Jacques, *Albert Camus, « la pensée de midi »*, Edisud, Aix-en-Provence, 2002.

– Comte-Sponville, André ; Bove, Laurent ; Renou, Patrick, *Albert Camus. De l'absurde à l'amour* (avec des lettres inédites), La Renaissance du Livre, 2001.
– Nguyen-Van-Huy, Pierre, *La Métaphysique du bonheur chez Albert Camus*, La Baconnière, Neuchâtel, 1961.
– Nicolas, André, *Albert Camus ou le vrai Prométhée*, Seghers, 1966.

La politique

– *Camus et la politique*, textes réunis par J. Guérin, L'Harmattan, 1986.
– Guérin, Jean-Yves, *Camus. Portrait de l'artiste en citoyen*, François Bourin, 1993.

Les romans

– *« L'Étranger », cinquante ans après*, textes réunis par R.Gay-Crosier, Revue des Lettres Modernes, 1995.
– Lévi-Valensi, Jacqueline, « Genèse de l'œuvre romanesque d'Albert Camus », thèse de Paris IV-Sorbonne, 1986.

Le théâtre

– *Albert Camus et le théâtre*, textes réunis par J. Lévi-Valensi, IMEC éditions, 1992.
– Bartfeld, Fernande, *L'Effet tragique. Essai sur le tragique dans l'œuvre de Camus*, Champion-Slatkine, 1988.
– Coombs, Ilona, *Camus, homme de théâtre*, Nizet, 1968.
– Gay-Crosier, Raymond, *Les Envers d'un échec. Étude sur le théâtre d'Albert Camus*, Minard, 1967.

Camus dans les revues

– *Europe*, « Albert Camus », octobre 1999.
– *La Revue des Lettres Modernes*, série « Albert Camus », Minard, sous la direction de R. Gay-Crosier. 20 numéros parus à ce jour (dernier en date : « "Le Premier Homme" en perspective », 2004).
La Société des études camusiennes (présidente : Agnès Spiquel) édite un bulletin (voir le site « Camus » pour tous renseignements) webcamus.free.fr

TABLE DES ILLUSTRATIONS

Liste des abréviations
– Bibliothèque nationale de France, Paris = BnF.
– Bibliothèque Méjanes, Aix-en-Provence = Bibl. Méjanes.
– Archives nationales - Archives de l'Outre-mer, Aix-en-Provence = ANOM.

COUVERTURE

1er plat Albert Camus en 1944, photo Serge Lido. Albert Camus, dessin de Maurice Henry.
Dos *Idem.*
2e plat Carte de journalistes à *Combat*. Bibl. Méjanes, fonds Camus, coll. Camus.

OUVERTURE

1 et **2** à **7 (fond)** Albert Camus interviewé en 1952 à Londres lors de la première de *Caligula* à l'Embassy Theatre, photos et détails Kurt Hutton.
2-3 Extraits de *Demain*, 21-27 janv. 1957, *Alger républicain*, 1er déc. 1938 et 7 juin 1939, *Combat,* 21 août 1944.
4-5 Manuscrit de *Caligula* (acte II, scène 14). BnF.
6-7 Page de tapuscrit inséré dans le *Carnet 1*. Bibl. Méjanes, fonds Camus, coll. Camus.
9 Un dimanche au marché aux puces. Photo Marianne Koestler. Coll. part.

CHAPITRE 1

10 Albert Camus à 14 ans. Coll. Camus.
11 Première page du manuscrit de *L'Envers et l'Endroit*. Bibl. Méjanes, fonds Camus, coll. Camus.
12g Première page du *Premier Homme* (fac-similé). *Ibidem*.
12d Lucien Camus en uniforme de zouave. Coll. part.
13 Dernière page (plan) du manuscrit du *Premier Homme*. Bibl. Méjanes, fonds Camus, coll. Camus.
14 La baie d'Alger, *in* Frédéric Musso, *L'Algérie des souvenirs*, éditions de la Table ronde. Coll. Roche.
15 Albert Camus et son frère Lucien. Bibl. Méjanes, fonds Camus, coll. Camus.
16 Albert Camus (1er rang à gauche), gardien de but du RUA à Alger, vers 1930. Coll. Camus.
17h Le tramway à Alger, vers 1930, photo Delius.
17b Louis Germain, l'instituteur d'Albert Camus. Coll. part.
18 Affiche d'Henry Dormoy pour le Centenaire de la conquête de l'Algérie, 1930.
18-19 Jean Grenier à Naples en 1926. Coll. Camus.
19 L'oncle Gustave Acault et sa femme Antoinette devant leur boucherie, rue Michelet à Alger. Bibl. Méjanes, fonds Camus, coll. Camus.
20 La classe de première supérieure au lycée Bugeaud, 1932-1933 (Camus au dernier rang, 2e à partir de la droite). Coll. Camus.
21 Simone Hié vers 1935. Coll. part.
22g Les Vraies Richesses, la librairie d'Edmond Charlot à Alger. Coll. part.
22d Edmond Charlot en 1937. Coll. part.
23 Le site de Tipasa.
24h La salle des Bains Padovani. Coll. part.
24b Reconstitution du

dispositif scénique de Louis Miquel pour *Le Temps du mépris* en 1934.
25h Reconstitution du dispositif scénique de Louis Miquel pour *Prométhée enchaîné*, 1936-1937.
25m Manchette de *La Lutte sociale*, mars 1936. ANOM.
25b Albert Camus (à gauche) et la troupe de Radio-Alger dirigée par Alec Barthus jouant Olivier Le Daim dans *Gringoire* de Th. de Banville, févr. 1937. BnF.
26h « Bunyan, l'homme-tragique-qui-croit-que-la-vie-ne-vaut-pas-la-peine-d'être-vécue », dessin d'Albert Camus envoyé à Marguerite Dobrenn. Coll. part.
26b Louis Bénisti, *La Maison devant le monde*. Coll. part.
27h Titre autographe d'Albert Camus sur une chemise de cours à l'université. Bibl. Méjanes, fonds Camus, coll. Camus.
27b Albert Camus à Tipasa en 1935 avec, de gauche à droite : Christiane Galindo, Yvonne Miallon et Madeleine Jaussaud. Bibl. Méjanes, fonds Camus, coll. Camus.

CHAPITRE 2

28 Manuscrit du *Mythe de Sisyphe*, 1940-1941. Coll. part.
29 Francine et Albert Camus à Canastel, printemps 1942. Coll. part.
30h Programme du Théâtre de l'Équipe de 1935 à 1936. Bibl. Méjanes, fonds Camus, coll. Camus.
30-31 Article de *Paris-Soir* expliquant le projet de Maurice Viollette, 7 mars 1937.
31 Affiche de Suzanne Dolbays pour le Théâtre de l'Équipe, 1937-1938. Bibl. Méjanes, fonds Camus, coll. Camus.
32h Francine et Albert Camus à Canastel au printemps 1942. Coll. part.
32b Titre d'article d'Albert Camus en une d'*Alger républicain*, 10 juin 1939. ANOM.
33h Manchette d'*Alger républicain*, 25 nov. 1938. *Ibidem*.
33m Albert Camus avec l'équipe d'*Alger républicain* en 1938 ou 1939 à Alger. Bibl. Méjanes, fonds Camus, coll. Camus.
33b Article d'Albert Camus en une d'*Alger républicain*, 14 juin 1939. ANOM.
34h Manuscrit du *Vent à Djemila* (f° 5). Bibl. Méjanes, fonds Camus, coll. Camus.
34b Oran, carte postale, années 1930.
35 Albert Camus et Pascal Pia à Lyon en 1940. Coll. Camus.
36 Jean Paulhan vers 1934, photo Rogi André. Paris, musée national d'Art moderne – Centre Georges-Pompidou.
37h Dernière page du manuscrit de *L'Étranger*, févr. 1941. Bibl. Méjanes, fonds Camus, coll. Camus.
37b Couverture de *L'Étranger* dans la NRF.
38h Lithographie d'André Masson pour *Le Mythe de Sisyphe*, éditions André Sauret, 1962.
38b Page de titre du *Mythe de Sisyphe*. Coll. part.
39 Albert Camus au Panelier, s.d. Bibl. Méjanes, fonds Camus, coll. Camus.
40 Manuscrit de *L'Étranger*. Bibl. Méjanes, fonds Camus, coll. Catherine et Jean Camus.
41h Page de tapuscrit inséré dans le *Carnet 1*. Bibl. Méjanes, fonds Camus, coll. Camus.
41bg Manuscrit de *L'Envers et l'Endroit*. *Ibidem*.
41bd Couverture du *Cahier 1* (mai 1935-sept. 1937). Bibl. Méjanes, fonds Camus, coll. Camus.

CHAPITRE 3

42 Albert Camus aux *Deux Magots* lisant le journal de l'Armée du Salut, 1945, photo René Saint-Paul.
43 Carte de journalistes à *Combat* de Pascal Pia et Albert Camus. Bibl. Méjanes, fonds Camus, coll. Camus.
44h René Leynaud. Coll. part.
44b Faux papiers d'Albert Camus au nom d'Albert Mathé. Bibl. Méjanes, fonds Camus, coll. Camus.
45 Groupe de lecture de la pièce de Picasso *Le Désir attrapé par la queue*, le 16 juin 1944, Paris, photo Brassaï.
46 Albert Camus lors de la générale du *Malentendu* au théâtre des Mathurins, juin 1944, photo M. Jarnoux. Coll. part.
47 Maria Casarès en 1946.
48g Albert Camus à *Combat*, photo Maurice Bessy.
48d Article de Camus lors de la polémique avec Mauriac, *Combat*, 11 janv. 1945. BnF.
49 Cérémonie officielle de reddition des tribus dans le Constantinois le 22 mai 1945.
50h Albert Camus, Jacques Baumel et André Malraux à *Combat*, 22 sept. 1944, photo René Saint-Paul.
50b Albert Camus à *Combat* en 1944. On reconnaît : Petitbreton, Péroni, Albert Ollivier, Bloch-Michel, de Lignac, Roger Grenier, Pascal Pia, François Bruel, Serge Karsky, photo René Saint-Paul.
51h Camus à *Combat* en 1944. Coll. S. Agnely.
51b Albert Camus, Pierre Galindo et Paul Bodin à la terrasse des *Deux Magots*, photo René Saint-Paul.
52b Affiche de Marie Viton pour *Caligula*, 1945.
52-53 Création de *Caligula* en 1945. À gauche : Gérard Philipe et Margo Lion, photo Silvestre. Coll. part.
53h Les jumeaux Jean et Catherine dans les bras d'Albert Camus, fin 1945. Coll. Camus.
54 Albert Camus à bord de *L'Oregon*, mars 1946. Coll. Camus.
55m René Char et Albert Camus à l'Isle-sur-Sorgue en 1949. Bibl. Méjanes, fonds Camus, coll. Camus.

55b Manuscrit de *La Peste*. Coll. Camus.
56 *La Peste*, manuscrit du premier état (f° 3), 1942-1943. BnF.
57 Illustration d'Edy-Legrand pour *La Peste*, éditions A. Sauret, 1962. *Ibidem*.

CHAPITRE 4

58 Albert Camus, Londres 1952, photo Kurt Hutton.
59 Article de Maurice Nadeau, *Combat*, 1951-1952.
60 Louis Guilloux et Albert Camus en 1948.
61 L'équipe d'*État de siège* en 1948 au théâtre Marigny en 1948 : Pierre Brasseur, Balthus, Madeleine Renaud, Maria Casarès, Jean-Louis Barrault, Arthur Honegger, Albert Camus.
62 Albert Camus au Brésil en 1949. Coll. Camus.
63 Albert Camus et Garry Davis à la salle Pleyel le 3 décembre 1948. Coll. Camus.
64 Maria Casarès et Jean-Louis Barrault dans *L'État de siège* au théâtre Marigny en nov. 1948.
65hg Répétition générale de *L'État de siège* au théâtre Marigny avec Charles Mahieu et Madeleine Renaud, oct. 1948.
65hd Affiche non signée de *L'État de siège*. Bibl. Méjanes, fonds Camus, coll. Camus.
65b Serge Reggiani, Maria Casarès et Michel Bouquet dans *Les Justes* au théâtre Hébertot, déc. 1949.
66 André Breton en 1950, photo Daniel Frasnay.
67h Albert Camus dans les Vosges travaillant à *L'Homme révolté*. Coll. part.
67m Couverture des *Cahiers du Sud* en 1951 mentionnant au sommaire l'article d'Albert Camus « Lautréamont et la banalité ». BnF.
68h Jean-Paul Sartre dans les années 1950, photo Jacques de Potier.
68m Manchette d'article de Jules Monnerot, *Carrefour*, 17 sept. 1952.
69m Extrait de « Lettre au directeur des *Temps modernes* » d'Albert Camus, *Les Temps modernes*, août 1952.
69b Lettre manuscrite de Jean-Paul Sartre en réponse à l'article d'Albert Camus, 1952. BnF.
70 Affiche annonçant un meeting contre l'admission de l'Espagne à l'Unesco, 1952. Bibl. Méjanes, fonds Camus, coll. Camus.
70-71 Albert Camus à la salle Wagram lors d'un meeting de solidarité avec les républicains espagnols, févr. 1952. Coll. part.
71b Exergue manuscrit pour une des nouvelles de *L'Exil et le Royaume*. Bibl. Méjanes, fonds Camus, coll. Camus.
72 Émeutes ouvrières de Berlin-Est en juin 1953.
73 Albert Camus lors d'une répétition au festival d'Angers. Coll. Renée Gallimard.

CHAPITRE 5

74 Albert Camus dans le train à son retour de Stockholm, 1957, photo Michel Gallimard.
75 La terrasse de la maison à Lourmarin, photo Roger Picherie.
76 Jules Roy, Gabriel Audisio, Jeanine Montupet et Albert Camus lors d'une vente de livres d'écrivains d'Afrique du Nord à la Maison du Tourisme algérien en sept. 1954, photo René Saint-Paul.
77h Automitrailleuses en position d'alerte près de l'école de M'Chouneche (Aurès) le 11 nov. 1954.
78h Manchette du *Journal d'Alger*, 22-23 janv. 1956. Coll. part.
78m Albert Camus et le typographe Georges Roy au marbre de *L'Express*.
79 Premier voyage en Grèce en 1955. Coll. part.
80 *Les Juges intègres*, par J. Vanderveken, copie d'après le polyptyque de *L'Adoration de l'Agneau mystique* de Hubert et Jan van Eyck, cathédrale Saint-Bavon, Gand.
81 Page manuscrite (fac-similé) de *La Chute*. Bibl. Méjanes, fonds Camus, coll. Camus.
82 William Faulkner, photo Martin J. Dain.
83 Répétition de *Requiem pour une nonne*, 1957 : Catherine Sellers et Albert Camus, photo Robert Doisneau.
84m Réception après la remise du prix Nobel en décembre 1957.
84b Manchette du *Journal d'Alger*, 18 oct. 1957. Coll. part.
85h Répétition du *Chevalier d'Olmedo* au festival d'Angers, 1957 : Michel Herbault, Albert Camus et Bernard Woringer.
85b Couverture de *La Peine capitale* par Arthur Koestler et Albert Camus, éditions Calmann-Lévy, 1957.
86 Alger, quartier de Belcourt, manifestation pour l'indépendance de l'Algérie, 12 déc. 1960.
87 Michel Gallimard et Albert Camus dans la baie de Cannes, Pâques 1958.
88 À Venise, au théâtre de la Fenice, lors d'une répétition des *Possédés*, 1959, photo Giacomelli.
89h Affiche des *Possédés* au théâtre Antoine. Coll. Théâtre Antoine.
89b En Suisse, après une représentation des *Possédés* à Lausanne le 31 oct. 1959.
90-91 Manchette de *Combat*, 5 janv. 1960. Coll. part.
90m Article de *France Soir*, 6 janv. 1960. Coll. part.
91 Les obsèques de Camus à Lourmarin, 6 janv. 1960, photo Roger Picherie.
92h *Les Justes* mis en scène par Jean-Pierre Miquel au théâtre de l'Odéon, mars 1986 : Laurent Rey et Alain Lenglet.
92b Répétition de *La Peste* mise en scène par Marc Olinger au théâtre des Capucins, Luxembourg, mars 2005.

TÉMOIGNAGES ET DOCUMENTS

INDEX DES ŒUVRES

INDEX GÉNÉRAL

A - B

C - D

CRÉDITS PHOTOGRAPHIQUES

AFP 77 Akg-images 57, 72, 82. Akg-images / Daniel Frasnay 66. Archives Gallimard 1er plat (dessin de Maurice Henry), 2-3b, 10, 12d, 14, 16, 17b, 18-19, 20, 21, 22bg, 22bd, 24h, 24b, 25h, 25m, 25b, 28, 29, 32h, 32b, 33h, 33b, 35, 37b, 38h, 38b, 44h, 48d, 51m, 53h, 54, 55b, 62, 67h, 67b, 68m, 69h, 69b, 70-71, 78h, 79, 84b, 85b, 90h, 90b, 94h, 95h, 96, 99, 113, 115, 119. Archives Gallimard / Maurice Bessy D.R. 48g. Archives Gallimard / Giacomelli D.R. 88. Archives Gallimard / M. Jarnoux D.R. 46. Archives Gallimard / Marianne Koestler D.R. 9. Archives Gallimard / Silvestre D.R. 52-53 Jean-Pierre Bénisti 26b. Jean Bernard, Aix-en-Provence 7, 11, 12g, 13, 27h, 30h, 31, 34h, 37h, 41h, 41bg, 41bd, 43, 44b, 65hd, 70, 71b, 81, 109, 117. Bibliothèque nationale de France, Paris 4-5b, 40, 56. Coll. part. 73, 74, 84h, 87, 89b Coll. Théâtre Antoine 89h. Corbis / Archivo Iconografico 80. Corbis / Marc Garanger 23. Editingserver.com / L'Express 78b. Enguerand-Bernand / Bernand 64, 85h Enguerand-Bernand / A. Courrault 92h. Enguerand-Bernand / Brigitte Enguerand 93. Fonds Camus, bibliothèque Méjanes, Aix-en-Provence 15, 19, 27b, 33m, 39, 55h. Getty Images / Kurt Hutton 1, 2-3, 4-5, 6-7, 58. Keystone 65hg, 86. Kharbine-Tapabor / Coll. Galdoc-Grob 18. Leemage / Delius 17h. Leemage / Selva 51h, 59 MaxPPP / Le Dauphiné libéré / Manuel Pascual 92b. Photo12.com / 1Clic 34b. Rapho / Robert Doisneau 83 RMN / F. Raux. © Estate Brassaï 45. RMN dist. / CNAC-MNAM / © M. Dominique Bollinger 36. Coll. Roger-Viollet 30-31, 52b. Roger-Viollet / Laure Albin-Guillot 47. Roger-Viollet / Lipnitzki 61, 65b, Rue des Archives / Agip 63 Rue des Archives / CSFF 94b. Rue des Archives / RDA 49. Rue des Archives / René Saint-Paul 42, 50h, 50b, 51b, 76, Rue des Archives / Tallandier 60. Scoop / Paris Match / Roger Picherie 75, 91. Scoop / Paris Match / Jacques de Potier 68h. Sipa / Serge Lido 1er plat.
© Adagp, Paris 2006 1er plat, 38h, 57.
Nous avons cherché en vain les ayants-droit ou héritiers de certains documents. Un compte leur est ouvert à nos éditions.

REMERCIEMENTS

L'éditeur remercie chaleureusement Catherine Camus, Roger Grenier, Hugues Pradier, Anne Gallimard, Renée Gallimard, Marcelle Mahasela et Héléna Bossis.

ÉDITION ET FABRICATION

DÉCOUVERTES GALLIMARD
COLLECTION CONÇUE PAR Pierre Marchand. DIRECTION Elisabeth de Farcy.
COORDINATION ÉDITORIALE Anne Lemaire. GRAPHISME Alain Gouessant.
COORDINATION ICONOGRAPHIQUE Isabelle de Latour.
SUIVI DE PRODUCTION Géraldine Blanc. SUIVI DE PARTENARIAT Madeleine Giai-Levra.
RESPONSABLE COMMUNICATION ET PRESSE Valérie Tolstoï. PRESSE David Ducreux.

CAMUS, L'HOMME RÉVOLTÉ
ÉDITION Isabelle de Coulibœuf. ICONOGRAPHIE Anne Mensior.
MAQUETTE Pascale Comte. LECTURE-CORRECTION Isabelle Dessommes et Jocelyne Moussart.
PHOTOGRAVURE PPDL.

Pierre-Louis Rey, professeur à l'université de la Sorbonne nouvelle, a publié cinq romans aux éditions Gallimard. Spécialiste du roman aux XIXe et XXe siècles, il est l'auteur, parmi d'autres études, de *L'Univers romanesque de Gobineau* (« Bibliothèque des Idées », Gallimard). Il a collaboré aux nouvelles éditions des œuvres de Proust et de Camus dans la « Bibliothèque de la Pléiade ». Sur Camus, il a aussi publié *Camus. Une morale de la beauté*, SEDES, 2000, et des éditions de *Caligula*, du *Malentendu* et de *L'État de siège* (« Folio-Théâtre », Gallimard).

1er dépôt légal : avril 2006
Dépôt légal : février 2010
Numéro d'édition : 175046
ISBN : 978-2-07-031828-5
Imprimé en France par Pollina - L52990